シンクロニシティ－共時性－
神の言葉による歴史展開

―繰り返す歴史は意味のある偶然の一致を伴う―

Honest P. Field

アーネスト・P・フィールド 著

ブックウェイ

概　　要

聖書のストーリー及び時代の流れが有史以来の人類の歴史の流れと繰り返しながら一致している事を示し、同時に類似した内容で繰り返されているだけではなく聖書にある神の言葉と予言が人類の歴史において成就しながら歴史展開されている事も発見する事が出来、これらの事から歴史は人類の主体的な精神によってではなく、神の言葉によって歴史展開されている事を論証し神の存在及び聖書の運命論を明証していく内容となっている。また人類の歴史に密接な関わりを持つ精神をマクロ的に捉えた－２マクロ精神分析－とさらに個々の精神を神との関係で論じた－３個体精神分析－により聖書の真実性と正当性を明証する内容となっている。

目　次

シンクロニシティ　－共時性－ …………………………………………… 4
概　要 ……………………………………………………………………… 4
実際の歴史は次のような流れとなった。………………………………… 7

1. －ヨハネの黙示録解説－ ………………………………………… 17
終末世－世の終わりについての予言 …………………………………… 17
【参考文献】 ………………………………………………………………… 47

2. マクロ精神分析 ………………………………………………… 48
ヘレニズムとヘブライズム　B.C400 頃～ ……………………………… 49
宗教の外観的類似性と内容の背反 ……………………………………… 53
ルネサンスとルターの宗教改革　A.D.1517 ～ ………………………… 54
フランス革命後からの動き After A.D.1799～ ………………………… 56
第二次世界大戦における対立する精神の双方の外観と名称の類似性 … 57
コンセプト及び精神比較 ………………………………………………… 58
属性比較 …………………………………………………………………… 61
冷戦時 ……………………………………………………………………… 63
マルクス思想の誤り（弁証法的唯物論） ……………………………… 64
人物比較 …………………………………………………………………… 65
現代の精神A.D.2012 ～ …………………………………………………… 68
カイン世界対真理－現代のコンセプト及び精神比較－ ……………… 69
属性比較 …………………………………………………………………… 75
総括と暴露（revelation/exposure） …………………………………… 81
携挙について ……………………………………………………………… 83
【参考】 ……………………………………………………………………… 84
【参考文献】 ………………………………………………………………… 84

3. 個体精神分析 …………………………………………………… 85
精神を神と人間の関係から捉える ……………………………………… 85

項目	ページ
人間について	86
創世記のストーリーには精神と生命の事が暗示されている	88
罪に対して神の罰は言葉によって行われる	96
【エドム精神】－偽善者・加害者・悪性者・阿呆（asshole）－	100
カイン	104
【カイン精神】－詐欺師・悪人・間抜け（jerk）－	107
カインの世界観と真理の比較	109
カインは地獄の子・地獄の住人（Cain the hell dweller）	116
カインと共産主義（共同体主義）－バベルの塔－	118
学校教育の徳育・人格の陶冶など世は共産主義の精神を採用する傾向を持つ	121
共産主義（共同体主義）・学校教育と真理の属性比較	122
カインと自力救済	124
カインとアイドル志向	125
霊的死と善悪マニア	126
本然の人の子から堕罪・堕落してどのように変わったのか	128
全てのものは言葉によって創造された。	128
堕罪・堕落後のエドム世界へ堕ちた人類	130
－変更された属性と相関図－	130
エドムの家庭－The Edom's family－	132
メカニズム	140
被造物崇拝	144
依存・慢性中毒の経過図	145
霊性比較	146
属性によって異なる実態展開	148
回復させる為に必要な認識・ライフスコープ（life scope）	153
FIXのメソッド	156
天孫の位置に回帰する（Fixation）	158
神の言葉とそれが示す霊的アイテムは実効性を持つ	160
結論	161
【参考文献】	162
【シンクロニシティ　引用画像】	163

シンクロニシティ －共時性－

◆◆◆ 概　要 ◆◆◆

聖書のストーリー及び時代の流れが有史以来の人類の歴史の流れと繰り返しながら一致している事を示し、同時に類似した内容で繰り返されているだけではなく聖書にある神の言葉と預言が人類の歴史において成就しながら歴史展開されている事も発見する事が出来、これらの事から歴史は神の計画によって展開されている事を論証していく内容となっており神の存在を明証するものとなっている。

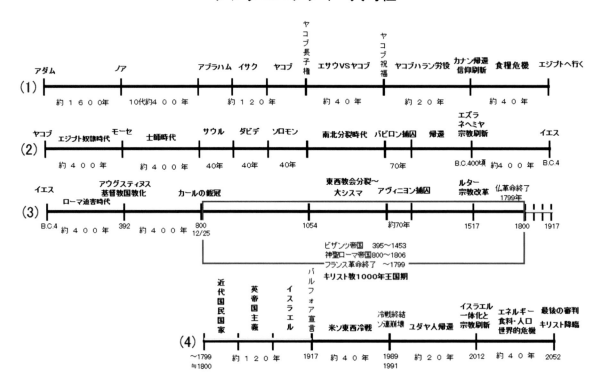

―繰り返す歴史は意味のある偶然の一致を伴う―

①アダムからノアまでの10代で約1600年[1]、この時ノアの洪水が起こる。洪水後に人間の寿命が約1000年から120年にまで短縮される事（創世記6：3）となった事からノアからアブラハムまでの10代は約400年であり、同じ10代という事で時間の長さを等質と見なしている。そしてアブラハム‐イサク‐ヤコブの期間を約120年と推定した上で計算している。

---

1)アダム暦の1056年に誕生したノアが600歳の時に洪水が起こった。従ってアダム暦1656年であるから約1600年としている。

さらにイサクの長男エサウとヤコブの長子相続をめぐる闘争期間40年を経てヤコブがエサウに受け継がれるはずの長子権と祝福を騙し取る事に成功した。その後ヤコブは長子権と祝福を奪われた兄エサウの怒りを買った為、兄エサウからの復讐の恐れからハランの地へ逃亡し、ハランの地で約20年間蓄財をする為の生活をし、再びカナンの地へと帰り兄エサウと再会する。それから約40年[2]の期間を経てヤコブ一家はカナンの地を含む世界的な飢饉によってヨセフの居るエジプトに赴く事となった。聖書の創世記が示す一連のストーリーである。

②ヤコブ一家がエジプトに行ってからイスラエルの民が産み増え、その地で400年[3]の間エジプトの奴隷となった。その頃神はイスラエルの民を救う為モーセを遣わして民をエジプトから導き出す事に成功すると同時にモーセは神から授かった律法を書き残した。その後ヨシュアにカナンの地を征服する使命を継がせ、カナンの地に入植する事に成功する。その後士師時代を経てイスラエルの民は王を擁立する事となった。サウル-ダビデ-ソロモンの三代に渡る120年の王政国家である。[4] その後王国は北のイスラエルと南のユダ王国に分かれ、それぞれの道を歩む事になったが北イスラエル王国はアッシリアに滅ぼされ、南ユダ王国はバビロンに連行され、70年間捕囚の民となった。その後ペルシア帝国によってバビロンが滅ぼされる事になりユダヤ人は故郷に帰る事が許された。この間を計算すると約400年になる[5] その後混沌期間が続き時代はエズラ・ネヘミヤによる宗教改革を経て預言者マラキがメシアの到来を預言した。それから約400年を経てイエスが登場する事になる。共時性及びそれに付帯する事柄の類似性についてはアダムからノアまでの10代がヤコブからモーセまでの400年の奴隷時代に相当し、ノアが箱舟で家族を救った事柄はモーセがイスラエルの民をエジプトの奴隷の民から導きだした事柄、すなわち救出をしたという意味において類似している。またアブラハム-イサク-ヤコブの流れがサウル-ダビデ-ソロモンの120年の流れと合致しており、エサウ対ヤコブの長子権と祝福を継承する為の闘争が北イスラエル王国と南のユダ王国の冷戦の事柄と合致している。そしてヤコブがハランの地に赴いて財を成し、その後カナンの地に帰還してエサウと和解し、さらに一族が信仰を刷新した事柄はユダヤ人がバビロン捕囚から解放され、エズラ・ネヘミヤが宗教改革を行ったイベントと合致している。ヤコブ一族がカナンの地にお

---

2) ヤコブのハランでの苦役時代の14年目にヤコブはラケルをめとった。しかしラケルには長いあいだ子がなく、やっと生まれたのがヨセフという子であった（創世記30：1/30：22～24）ヨセフは、「ヤコブのハランでの苦役の時期」の終わり頃39歳になっていた（創世記41：46～53/45：11）。従ってヤコブがカナンに居た期間は、39年より少し短い期間であったという事から約40年であったと計算がなされる。

3) 創世記15：13

4) 使徒行伝13：21　　　列王記2：11　　　列王記11：42
　　備考：サウル-ダビデ-ソロモンの三代は精神の展開を意味している。Saul - David - Solomon はそれぞれ Soul - Divide - Solemnly（魂は厳かに分裂する）という意味で、時代と共に精神が展開している事を暗示している。

5) 王国が分裂したのがbc922年で北イスラエル王国と南のユダ王国に分裂し、bc586年に南のユダ王国がバビロンに捕囚として連れ去られた。王国が分裂してから336年目にユダ王国がバビロンの捕囚となり70年続いたのでこの期間は406年であったことから約400年としている。尚、歴史のテキストではbc538年に捕囚から解放されたので捕囚であった期間は48年であった計算となっているが、ここでは神の宣言・預言者の言葉すなわち聖書の記述を優先した上で計算している。

シンクロニシティ　−共時性−

ける食糧不足と世界的に広がる飢饉によってエジプトに食糧を買いに行きそこに移り住むと同時にエジプトに居たヨセフと再会する事で一族がハッピーエンドを迎えるというストーリーにおいてはエズラ・ネヘミヤ記における宗教改革を経てイエスが登場したことと共時性において合致しており、事柄の類似性は後に出てくる年表の（4）と合致する。

③イエスを迎え、十字架に磔刑されて以来、彼をメシアと信ずる弟子達による伝道が広がり、やがて一大勢力となったキリスト教は多くの艱難と迫害を受けながらも次第に勢力を拡大し392年、ローマにおいて国教と化した。この頃に教父としてアウグスティヌスが三位一体のキリスト教の教義を理性を超えた概念で論証に取り組んだ。また同時に教会権威の正当性をも唱えた。アウグスティヌスはキリスト教史上「最大の教父」として「神の国」「告白」「三位一体論」などの著作を遺しキリスト教の教義を確立したことは旧約聖書における「最大の預言者」モーセが成し遂げた律法の記録と教義を確立した点において非常に類似した使命を果たしている。それから約400年後、西暦800年の12月25日、レオ三世によってカール大帝が戴冠を受けた（カールの戴冠）。このことは西ヨーロッパにおける中世キリスト教（中世カトリック教会）の成立を象徴する出来事であったと評価されている。またこの出来事から神聖ローマ帝国（800/962-1806年）[6]が起こりフランス革命が終了（1799）するまでの間、ローマカトリックを中心としたキリスト教王国1000年の時代[7]が始まるのである。またその間に教会では1052年から東西に分裂し、教皇のバビロン捕囚（アヴィニヨン捕囚）及び教会大分裂＜大シスマ1378-1417＞を経験し、教皇の権威がおおいに傷つくと共に教会改革の声も高まり始めた。イギリスのウィクリフやベーメンのフスが聖職者の世俗化を非難している。そして1517年にはマルチン・ルターによるローマ教皇への「九十五箇条の論題」で教会の贖宥状（免罪符）や堕落した教会権威に対し痛烈な批判及び宗教改革運動を進め、一大勢力となった。フランス革命終了後からの展開はプロテスタント勢力が近代化の流れと共に主に資本家層として一大勢力となるのである。共時性及びそれに付帯する類似した事柄については（2）のグラフにおいてイスラエル中央集権統一国家を経て分裂した事柄がカール大帝の即位から教会分裂に相当し、バビロン捕囚がアヴィニヨン捕囚＜教皇のバビロン捕囚＞に相当しており、ユダヤ人が解放されてエルサレムの地に戻り、エズラ・ネヘミヤによる宗教改革が行われ、マラキのメシア到来と新しい時代が来る事への予言がなされた事柄がマルチンルターによる宗教改

---

6) 神聖ローマ帝国（800/962〜1806）　日本では通俗的に、962年ドイツ王オットー1世がローマ教皇ヨハネス12世により、カロリング朝的ローマ帝国の後継者として皇帝に戴冠したときから始まるとされ、高等学校における世界史教育もこの見方を継承している。しかしドイツの歴史学界ではこの帝国をカール大帝から始めるのが一般的である。-Wikipedia抜粋-

7) ヨハネの黙示録の20章には終末世にゴグ・マゴグを惑わすサタンがそれまでに1000年の間獄に繋がれていたという内容の記述がある。サタンが獄につながれている間の1000年間はキリストが支配するといった内容が記載されている。この1000年王国はイエスがキリスト教の支配者・独裁者として奉られて君臨した1000年王国である。フランス革命を契機に1000年王国期が終わるが、この後啓蒙思想や共産主義の台頭が起こりキリスト教が乱れたがこれらの思想・またこれらの思想に基づいて台頭してきた共産主義国家やナチスドイツ等の全体主義国家の事をゴグ・マゴグとも解釈できる。一神教に反する全体主義的な国家や勢力をゴグ・マゴグと解釈する事ができる。

革と類似した事柄として共時性が一致し、事柄も類似性を伴って合致している事を発見する事ができるのである。

④新たなるアブラハム - イサク - ヤコブの動き

パレスチナのユダヤ人達は紀元66年〜70年、ローマ帝国によって滅ぼされ、（ユダヤ戦争）エルサレムと神殿が破壊され、ユダヤ人は約1900年に渡る間流浪の民となる運命を辿る事になった。いわゆるディアスポラの事である。エレミヤ書によると、もう一度アブラハム－イサク－ヤコブの展開がなされる事を神は予言している。エレミヤ33：25）主はこう言われる。もし、わたしが昼と夜と結んだ契約が存在せず、また、わたしが天と地の定めを確立しなかったのなら、わたしはヤコブとわが僕ダビデの子孫を退け、アブラハム、イサク、ヤコブの子孫を治める者を選ぶことをやめるであろう。しかしわたしは、彼らの繁栄を回復し、彼らを憐れむ

◆◆◆ 実際の歴史は次のような流れとなった。 ◆◆◆

フランス革命が終了した1799年を迎えた後、ナポレオンの台頭によるヨーロッパ大陸支配と失脚を経てウィーン体制（1814-1815年）で正統主義への秩序体系が打ち立てられたがほどなくして体制への反動的な潮流が訪れ1848年の3月革命「諸国民の春」を契機にヨーロッパにおける自由主義とナショナリズムの動き及び欧州諸国の近代立憲政治の概念を確立する等、近代国民国家形成への流れが本格化し始めた。また1830年頃から社会主義思想の台頭も見受けられた。その後諸国家の近代化及びドイツとイタリアの統一等を経て英仏と対立する帝国主義の時代へと時代は流れていった。第一次世界大戦においては英米仏 vs 独墺土という対立構造において英米仏が勝利し、また旧来の多民族帝国・ロシア帝国・オスマン帝国・オーストリア＝ハンガリー帝国といった専制主義（オートクラシー）の政治体系が崩壊し、民主主義的イデオロギーの観念が確立され始めた頃である。この時期を聖書のアブラハム－イサク－ヤコブ（イスラエル）の流れの中では近代国民国家形成の時期がアブラハムに該当しており、第一次世界大戦におけるイギリス帝国主義がイサクに該当するのである。一方でユダヤ人は1814-15年のウィーン体制とその崩壊の流れにおいてユダヤ人にも自由や平等といった権利を享受できる可能性や近代的精神の潮流に乗る兆しが見え、ユダヤ人解放運動、社会主義革命運動、またはシオニズム運動等といったユダヤ人にとっての新時代を切り開いていく流れとなった。但しそこにはヨーロッパ各国の保守主義・自由主義・ナショナリズムの思想的な奔流に飲み込まれ、ロシアのポグロムやナチスドイツによる反ユダヤ主義の極みであるホロコースト等非常に多くの艱難を被ってユダヤ民族は大きな犠牲を払う事となりヨーロッパでのユダヤ民族の生存が絶望的な状況にまで追い込まれる事となった。その流れの中で第一次世界大戦時、イギリスに対し戦費のスポンサーとなったユダヤ人財閥ロスチャイルド家のライオネル・ウォルター・ロスチャイルド男爵が1917年第一次世界大戦における英国への戦費を貸与した交換条件としてシオニズム支持表明であるバルフォア宣言を獲得する事に成功し、第二次世界大戦を終えた後に遂に聖書の神の言葉にあるとおりイスラエルの建国が実現した。その背景にはロスチャイルド家のエドモン・ド・ロートシルト男爵

シンクロニシティ －共時性－

のパレスチナ入植にあたっての資金的援助がイスラエル建国に大いに貢献した。このイスラエル建国実現をヤコブすなわちイスラエルになぞらえる事ができるのである。ここに聖書におけるアブラハム - イサク - ヤコブという流れが歴史として見事に合致するのである。ここに天の配剤と導き、また歴史完成に向けた神の計画を読み取る事ができるのである。

　　アブラハム＝近代国民国家形成 [8]
　　イサク＝ English Saxon＝イギリス帝国主義
　　ヤコブ＝イスラエル＝イスラエル建国達成 [9]

イスラエル建国についての預言すなわち神の言葉では多くの迫害に会った後にシオニズム運動を経てイスラエルの地へ戻ってくるといった内容が記されている。

　エレミヤ31：8）見よ、わたしは彼らを北の国から連れ帰り、彼らを地の果から集める。彼らのうちには、盲人やあしなえ、妊婦、産婦も共にいる。彼らは泣き悲しんで帰ってくる。

　エゼキエル11：17）それゆえ、あなたは言わねばならない。主なる神はこう言われる。「わたしはお前たちを諸国の民の間から集め、散らされていた諸国から呼び集め、イスラエルの土地を与える。

　エゼキエル28：25）主なる神はこう言われる。わたしがイスラエルの家を、彼らの散らされた諸国の民の中から集めるとき、彼らによって、わたしは自分の聖なることを諸国民の前に示す。彼らは、わたしがわたしの僕ヤコブに与えた土地に住む。

他にも申命記やエレミヤ書・エゼキエル書の随所にユダヤ人がイスラエルに還って来る事を預言

---

[8] 創世記17：04）あなたは多くの国民の父となる。

[9] 出エジプト32：13）アブラハム、イサク、イスラエル
　創世記32：29）その人は言った。「お前の名はヤコブではなく、これからはイスラエルと呼ばれる。お前は神と人と闘って勝ったからだ。」

備考1：アブラハム - イサク - ヤコブというのは時代の象徴的な表現でもあり、神の精神の継承者を人物の名によって象徴的に意味している。またアブラハムーイサクーヤコブは理念・精神でもあり、国家精神ー超国家精神ー世界精神というパラダイムシフトを意味している。尚旧約聖書にあるストーリーのアブラハム - イサク - ヤコブというのは家族スケールでの話であり今回は国家スケールでアブラハムーイサクーヤコブ（イスラエル）が展開されている事を示している。

備考2：アブラハムが近代国民国家形成期、イサクを英帝国主義、ヤコブをイスラエル建国であると意味している根拠として、神は創世記でアブラハム・イサク・ヤコブに対してはエルシャッダイ（全能の神）として現れており（創世記35：11／出エジプト6：3）、全能の神は真理の神であり、真理の神という事は全世界の神という事を意味している為、アブラハムやイサクやヤコブというヘブライ人・イスラエル人・ユダヤ人に限定された事を意味するものではないという事からアブラハムは全世界にとっての近代国民国家形成期、イサクを英帝国主義、ヤコブはイスラエル建国を意味していると解釈できるのである。

する記述がある。

老い衰えたイサクがヤコブを祝福する画

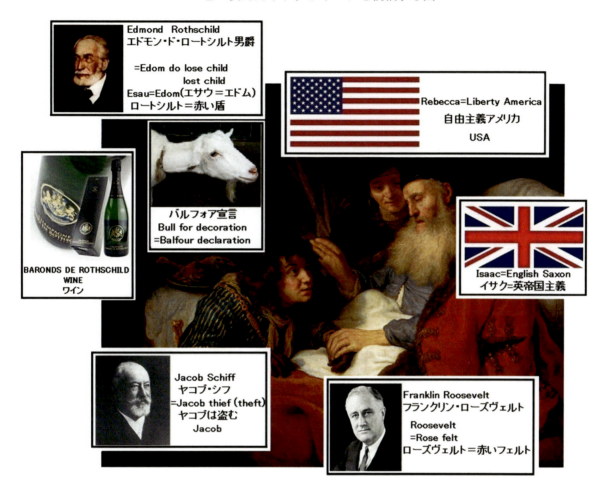

創世記のヤコブを祝福するイサクとその隣にいるリベカ。既に老いて目の悪くなっていたイサクは兄のエサウを祝福しようとしていたが、母リベカの計略によってヤコブに毛深いエサウを装わせ、エサウの晴着と子山羊の皮をヤコブの体の滑らかな手と首の滑らかな部分につけさせ、兄エサウのフリをさせて父イサクの祝福を奪い取ったというストーリーである。この聖書の創世記ストーリーにおける内容と史実が見事に符合する事を発見する事ができる。イサクは帝国主義時代のイギリス(English Saxon)を意味しており、リベカはアメリカと自由主義(Liberty-America)を暗示している。またこの聖書のストーリーにおけるイサクに捧げた獲物の料理は

◆◆◆ Bull for decoration（偽装肉でごまかし・嘘で粉飾）◆◆◆

という語句を起こす事ができ、さらに類音語から変換するとこれは 1917 年の Balfour declaration（バルフォア宣言）の史実に一致する。bull は「雄牛」という意味の他に「たわごと」や「うそっぱち（嘘）」の意味がある。嘘の肉、すなわち偽装肉でイサクに料理を差し出したという意味に解する事ができる。イサクはエサウに鹿の肉を獲ってきて料理して食べさせてくれと

頼んだがそれを聞いていたリベカはヤコブに子山羊を取ってきなさいと言い、エサウが狩猟に出ている間にヤコブが子山羊をもってきてそれをリベカが料理し、味付けで誤魔化した料理をイサクに差し出した。また山羊の毛皮でヤコブをエサウに見せかける為にも使ったものでもあるから山羊＝毛深いエサウを象徴する動物の意味として解する事ができる。

エドモン・ド・ロートシルト男爵
（ロスチャイルド男爵）

エサウに該当する人物はエドモン・ド・ロートシルト男爵である。ロートシルトは英語読みでロスチャイルド（Rothschild）である。またエサウはエドムとも呼ばれ[10]このエドモン男爵の名前からフレーズを起こすと

　　エドモン・ド・ロスチャイルド
　　Edom do lose child＝エドムはまさに子供を失う≒エサウは長子相続権を失う。
　　Edmond lost child ＝子供を失った

といった意味を起こす事ができるのである。

10）創世記25：25）先に生まれてきた子は赤くて全身毛衣のようであったのでエサウと名づけた。
　　（赤い子＝Roths child）　創世記25：30）エサウはヤコブに長子の権利をヤコブが作った煮物と引き換えに売り渡した。その際にエサウがヤコブの作っていた煮物をアドム（赤いもの）と呼んだことからエサウはエドムと呼ばれるようになった。　創世記36：01）エサウ、すなわちエドム

参考資料	【ロスチャイルド家】 ユダヤ系の国際金融資本家の一族。19世紀から20世紀にかけてヨーロッパ金融界に君臨した国際的な財閥。金融市場の独占、各国の財政にも関与し政治的にも多大な影響力をもった。ユダヤ民族の祖国再建運動であるシオニズムの支援として莫大な寄付を行い、またイギリスからイスラエル建国の約束であるバルフォア宣言の取得にも成功し、イスラエル建国を成功させる重要な役目を担った。一族はワインのブランドでも有名。ドイツ語でロートシルト。

一方、祝福を奪ったのはヤコブ、この人物に該当するのは著名な銀行家でユダヤ人社会事業家の、アメリカ・ユダヤ人委員会の創設者の一人であるヤコブ・シフが浮かび上がる。この名前も英語で意味を起こすと

Jacob Schiff
Jacob thief＝ヤコブは盗む
祝福を奪ったヤコブ

という意味に起こす事ができる。アメリカのユダヤ人であるヤコブ・シフが浮かび上がる。
リベカはヤコブにエサウのような毛深さを偽装する為、子山羊の皮を手と首のなめらかな所につけさせ、イサクに対しヤコブがエサウであるかの如く欺いたとあり、これはイサク（イギリス）のバルフォア宣言においてエサウ（＝エドム＝エドモン・ド・ロスチャイルド）を装ったヤコブ（ヤコブ・シフ）の手につけた山羊の皮がエサウ（＝エドム＝エドモン・ド・ロスチャイルド）を暗示しているという事を発見できる。これは本来祝福を受けるはずであったエサウことロスチャイルド（ドイツ語で赤い盾＝Rothen Schilde）に対して酷似している言葉を類推させる。エサウに見せかけてヤコブの手に被せられた毛皮フェルト（felt）、さらにロスチャイルドのロスは赤い色を意味しており、またロスに近い発音で〜フェルトという言葉を検索するとローズフェルト（Rose felt＝赤いフェルト）という言葉が浮かび上がる。Rose felt＝ローズフェルトと

シンクロニシティ －共時性－

はフランクリン・ローズヴェルト大統領の事である。また聖書のストーリーで美味しい獲物の料理と同時にぶどう酒（ワイン）をイサクにもてなした事柄はワインで有名なロスチャイルド家を意味している。したがってこの創世記ストーリーは帝国主義時代のイギリスとロスチャイルド家のバルフォア宣言とその後のイスラエル建国の約束、その後のユダヤ民族の安泰を空約束し、結局委任統治継続を国際連合に丸投げしてしまう格好となったイギリスの有名な三枚舌外交[11]を予示していた事が判るのである。

ロートシルトに対して台頭したローズヴェルト　米大統領（F・Roosevelt）

帝国主義時代から二度の世界大戦におけるイギリスの疲弊・衰退と共に戦後の国際秩序がアメリカ主導による金本位制（ブレトン・ウッズ体制）、イギリスのポンドからドルが基軸通貨になる等、国際経済及び国際金融体制の覇権が一挙にアメリカに渡った一方ロスチャイルド家はナチスドイツの迫害と略奪によって衰退する事となった。戦後、シオニズム運動でパレスチナに行ったユダヤ人とは別にソ連側に移住した多くのユダヤ人[12]とアメリカに移住したユダヤ人[13]により新たなユダヤ民族の分裂と冷戦が約40年間続く事となった。この冷戦の内容が年表（1）のエサウとヤコブの40年の闘争と合致するのである。ヤコブはアメリカ系の巨大金融財閥であるロックフェラー財閥・モルガン財閥・メロン財閥・デュポン財閥等の21世紀においても後継企業が世界に多大な影響を及ぼすコンツェルンを中心とした勢力で、エサウ（エドム）から発生したイデオロギーは共産主義で、それを国教とするソヴィエトは帝国主義、資本主義・民主主義陣営のコ

---

11) フサイン・マクマホン協定、サイクス・ピコ協定、バルフォア宣言の3つの協定

12) 冷戦終結と同時に旧ソ連諸国から帰還法に基づいた条件でイスラエルに帰還したユダヤ人は約100万人を超え、さらに1990年代から旧ソ連からのユダヤ人とその家族が大量に移住し、2010年の調査では、旧ソ連からのイスラエルへの移民はユダヤ人人口の21パーセントに上っている。
　参考資料：イスラエルを知るための60章　立山良司　明石書店

13) 1880年から1945年の間に、米国へ移住したユダヤ人人口は240万人、イスラエルが建国した頃のアメリカにおけるユダヤ人総人口は約500万人である。
　参考資料：イスラエルを知るための60章　立山良司　明石書店
　　　　　：ユダヤ人の歴史　シーセル・ロス　みすず書房

ンツェルンに対して国際共産主義勢力のコミンテルンといった組織で対抗し、両者はソ連対アメリカという二大国家の衝突・冷戦という形で現れた。（マクロ精神分析 - 弁証法的精神展開参照）。冷戦は1989年に終了し1991年にソ連は崩壊した。

ダニエル書8章には欧州帝国主義時代の予言が記述されている。

【ダニエル書8章3節】

目を上げて眺めると、見よ、一頭の雄羊が川岸に立っていた。二本の角が生えていたが共に長く、一本は他の一本より更に長くて、後ろの方に生えていた。見ていると、この雄羊[14]は西、北、南に向かって突進し、これにかなう獣は一頭もなく、その力から救い出すものもなく、雄羊はほしいままに、また、高慢にふるまい、高ぶった。

【解説】

この雄羊は清（中国）を意味している。ベトナムと朝鮮がそれぞれ二本の角として暗示されている。清は眠れる獅子と呼ばれていたアジアの大国であり、ベトナムと朝鮮の宗主国であった事を意味している。

---

14) 二本の角のある雄羊は清のことである。専制的な支配の国家である。聖書が記述された当時ではこの中国・清朝に関する予言と様子を当時存在した専制的な国家という意味でメディア及びペルシア帝国として聖書に記述されている。

シンクロニシティ －共時性－

【ダニエル書8章5節】

これについて考えていると、見よ、西から一頭の雄山羊が全地の上を飛ぶような勢いで進んで来た。その額には際立った一本の角が生えていた。この雄山羊は先に見た川岸に立っている二本の角のある雄羊に向かって、激しい勢いで突進した。みるみるうちに雄山羊は雄羊に近づき、怒りに燃えてこれを打ち倒し、その二本の角を折ったが、雄羊には抵抗する力がなかった。雄山羊は非常に尊大になったが、力の極みで角は折れ、その代わりに四本の際立った角が生えて天の四方に向かった。

【解説】

雄山羊というのは帝国主義時代の西欧列強及び大日本帝国の事を意味している。激しい勢いで突進したというのは帝国主義による中国大陸への侵略の事を意味している。ベトナムと朝鮮は清の属国であったが帝国主義時代の侵略、清仏戦争によってベトナムに対する宗主権をフランスに奪われ、また朝鮮半島は日清戦争における日本の勝利によって独立させられている。二本の角を折ったというのはベトナムと朝鮮半島がそれぞれ北と南に分断された事を意味している。雄羊すなわち清朝はこれによって滅亡している。ベトナムと朝鮮半島が分断されたのは共産主義と民主主義、あるいは社会主義と資本主義というイデオロギーによる分断のことである。

【ダニエル書8章9】

そのうちの一本からもう一本の小さな角が生え出て、非常に強大になり、南へ、東へ、更にあの「麗しの地」へと力を伸ばした。これは天の万軍に及ぶまで力を伸ばし、その万軍、つまり星のうちの幾つかを地に投げ落とし、踏みにじった。その上、天の万軍の長にまで力を伸ばし、日ごとの供え物を廃し、その聖所を倒した。また天の万軍を供え物と共に打ち倒して罪をはびこらせ、真理を地になげうち、思うままにふるまった。

【解説】

これは朝鮮半島の南、韓国の文鮮明率いる右翼系カルト団体"世界基督教統一神霊協会"いわゆる統一教会の事である。冷戦時に反共団体として台頭し、キリスト教を独自に解釈した理論がブームとなり世界的に勢力を拡大した一方、様々な疑惑と霊感商法、見知らぬ者同士を結婚させる合同結婚式等、非常識な活動によって社会問題にまで発展した。教祖の文鮮明はメシアを自称しているが聖書の中では黙示録に偽預言者として、またにせ教師としてペテロの第二の手紙2章等にも登場している。

年表の共時性

聖書と歴史における同期性を伴うイベントと事柄の類似性（1800年以降）

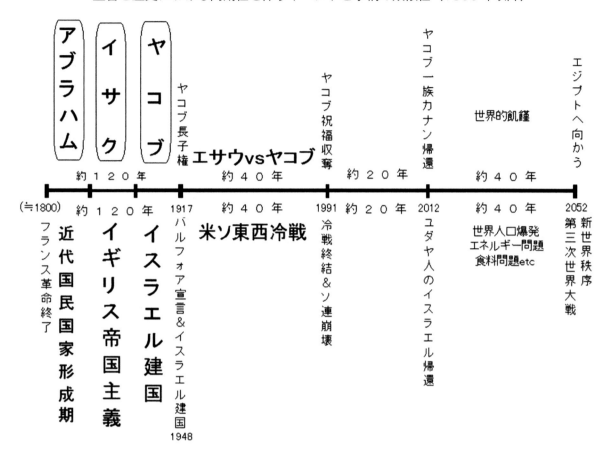

アブラハム - イサク - ヤコブの流れ（約120年）の流れが現実の歴史における近代国民国家形成期 - イギリス帝国主義 - イスラエル建国に至る流れ（約120年＝バルフォア宣言獲得からイスラエル建国まで）と一致している。またエサウ対ヤコブの長子権と祝福をヤコブが奪う兄弟の闘争が40年、これは現実の歴史では米ソ冷戦という形で東西に別れて競争・対立が起こった史実と合致している。またヤコブがエサウから祝福を奪った後にハランに赴いて叔父ラバンの下で苦役に服し、巨大な富を築いてその後にカナンの地へと帰っていったストーリーは現実の歴史では冷戦の終結後から続々と2010~2012年頃にかけて多くのユダヤ人がイスラエルに帰還していった[15]流れと見事に一致している。さらに21世紀初頭においてもユダヤ人が金融戦略で世界経済に多大な影響を及ぼしている今日の事情はヤコブがハランの地で財を成したストーリーに見事に合致している。またヤコブの家族がエジプトの地に赴く事になった事由は世界各地にも及んだカナンの地における飢饉であったが今日の21世紀初頭から問題とされている人類が抱える共

---

15)【参考資料：イスラエル中央統計局、Statistical Abstruct of Israel 2011】冷戦終結後欧米からのイスラエルへの移民した統計は冷戦終結からヨーロッパ・米州だけで106万人（2010年迄）に上る。この世界的な動きは聖書の預言にも記述がある。（エレミヤ３：18）　その日、ユダの家はイスラエルの家と合流し、わたしがあなたたちの先祖の所有とした国へ、北の国から共に帰ってくる。

シンクロニシティ －共時性－

通の問題も世界人口爆発による食料・エネルギー資源の問題等、人類は具体的な解決策を提示できぬまま混迷の一途を辿っている状況と聖書のストーリーが合致している。聖書の流れから出る年代では西暦2052年頃には世界の新しい秩序、新世界秩序NWOが実現するであろうと思われる。また上記の年表が示すようにヤコブがカナンの地に帰る帰途においてヤボク川でサタンのルシファーと組み打ちして勝利した際にルシファーから祝福を受け、イスラエルの尊称を獲得している。その後ヤコブはカナンの地に戻り、復讐の念に燃えていたエサウを宥め、財産の贈り物と地に七たび伏せてエサウにお詫びをし、無事和解を成し遂げた事によってアブラハム - イサク - イスラエルにおける、エサウとの確執により不安定であったイスラエルの一体性を取り戻した。この聖書の流れと同じように冷戦終結後から2012年の時点で多くのユダヤ人がイスラエルに帰還しており、聖書の流れとシンクロナイズしているのを読み取れば2012年以降のイスラエルはイスラエルとしての一体性と安定を取り戻した状態であると上記のグラフから言えるであろう。後は全世界が大艱難の時代に突入していくこれからの中でイスラエルを勝利に導いてくれる待望の王を待つのみと言えるだろう。これからゴグ・マゴグ（神に敵対する悪魔の勢力）とその支持勢力、ひいては全世界を敵してイスラエルが戦うならば聖書の預言にある最終戦争[16]に向けての準備期間として40年という期間が必要であるとする見方が妥当である。（2012年～2052年までの40年）新しい世界秩序に移行するに当たって第三次世界大戦を契機として世界秩序の移行が行われるといった可能性もある事を考慮しておくべきである。創世記において神がアダムとエバをエデンから追放したと同時に「命の木に至る道を守らせた」とあるが、人類の歴史の目的、歴史の完成は人道的な世界秩序の完成を意味しているものと思われる。その完成を迎えるのが2052年頃である。また聖書の内容から再臨のイエスキリストが雲に乗って登場するといった内容[17]が記述されているが、これは全世界規模において信教の自由が保障され、聖書の真実性が明証されると共にキリスト及び一神教の信仰が全世界に浸透するという聖書の預言[18]を意味しているのではないかと思われる。神による最後の審判[19]がまもなく為される時期に来ている事は間違いないと言える。またイスラエル第三神殿の建造についても神の計画として存在しており、[20]反イスラエル・反ユダヤ・イスラム諸国との宗教的な問題の解決は最終戦争によって決着がなされる可能性が高いと言えるであろう。

---

16) エゼキエル38章とヨハネの黙示録20章によれば、ゴグ・マゴグが終わりの時に周辺の諸国を巻き込んでイスラエルに戦いを挑むという預言・黙示の記述がある。物理的な戦争の可能性と宗教論争の戦いである可能性が考えられる。

17) マタイ24：30 / 26：64　マルコ13：26　ルカに21：27　ヨハネの黙示録01：07

18) イザヤ45：6 / 52：10 / 66：23　エレミヤ16：19　エレミヤ31：34　ゼカリヤ2：15　ゼパニヤ3：9

19) ゼパニヤ1：3　ゼパニヤ1：18　ゼカリヤ13：8

20) イザヤ2：2　エゼキエル37：26　ミカ4：1　ゼカリヤ1：16　ハガイ2：7～9　第三神殿の建造についてはユダヤ教にとっては物理的な神殿が建設される事を意味する。新約聖書・キリスト教にとっては目に見える物理的な神殿が建設されると考えておらずどちらの解釈も否定できない。

1．－ヨハネの黙示録解説－

◆◆◆ 終末世－世の終わりについての予言 ◆◆◆

ヨハネの黙示録は歴史の予告編のような形で主に世の終わりに起こる出来事として様々な幻の様子が記述されている。世の終わりに近づくにつれて悪の勢力が勃興し、悪魔は神に挑戦して最後の決戦を挑んでくるが迎え撃つ神の軍が戦って勝利し、新しい世界を迎えるという内容が記述されている。最後の決戦はアルマゲドンの戦いとして記述されている。これはおそらく第三次世界大戦の事を意味していると思われる。幻の記述は具体的な形を取って現れたものから概括的なもの、またアレゴリーが多く含まれている。聖書で言われている世の終わりとは地球や人類そのものが滅亡、何も残らず消滅してしまうという意味ではなくこの世の支配者及び独裁者の独善的思想による統治や武力による支配から解放され、人道的な世界秩序へ移行する事を意味する。それらは聖書的には神が世界の王に君臨し支配する時代を迎えるという表現[21]で言い表されている。そして今まさに21世紀初頭の時代が終末の世といわれている事について聖書の予言とそれに該当するイベントを列記し解読している。尚黙示録における一連のストーリーが史実展開されている時間順序は順不同のものも多少見受けられる。

---

[21] オバデヤ21 / ヨハネの黙示録11：15 / 22：5 / ゼカリヤ14：9

シンクロニシティ －共時性－

ヨハネの黙示録4章　－天上の礼拝－

わたしが見ていると、見よ、開かれた門が天にあった。そして、ラッパが響くようにわたしに語りかけるのが聞こえた。あの最初の声が言った。「ここへ上って来い。この後必ず起こることをあなたに示そう。」わたしは、たちまち"霊"に満たされた。すると、見よ、天に玉座が設けられていて、その玉座の上に座っておられる方がおられた。その方は、碧玉や赤めのうのようであり、玉座の周りにはエメラルドのような虹が輝いていた。

【解説】

これはヨハネの魂が神とキリストのところまで昇っていった事を意味している。
これは宇宙空間、銀河の事である。碧玉や赤めのう、エメラルドというのは恒星や惑星等の事である。

また、玉座の周りに二十四の座があって、それらの座の上には白い衣を着て、頭に金の冠をかぶった二十四人の長老が座っていた。玉座からは、稲妻、さまざまな音、雷が起こった。また、玉座の前には、七つのともし火が燃えていた。これは神の七つの霊である。

【解説】

24人の長老というのは霊的存在である神の御使いの事と思われる。七つのともし火というのはユダヤ教を象徴するメノラー（ランプ）、7は神聖な神の霊[22]、平安・安息を意味し、コーランには神は天を七層に創造された[23]と記述のある事から天を意味する事もある。また穢れのない完全性を表現する数字として知られている。天の様子を描写したものと思われる。

---

22) 詩篇　12：7　主の仰せは清い。土の炉で七たび練り清めた銀。
23) コーラン　23：86 「7つの天の主、大いなる玉座の主」

メノラーの写真

また、玉座の前は、水晶に似たガラスの海のようであった。この玉座の中央とその周りに四つの生き物がいたが、前にも後ろにも一面に目があった。

【解説】

水晶に似たガラスの海とは神の視点または宇宙から見た地球の事である。四つの生き物は国を意味している。前にも後ろにも一面に目があるとは各国の首都の事である。

第一の生き物は獅子のようであり、第二の生き物は若い雄牛のようで、第三の生き物は人間のような顔を持ち、第四の生き物は空を飛ぶ鷲のようであった。

シンクロニシティ －共時性－

【解説】

第一の生き物は獅子というのはロシアの事である

第二の生き物は若い雄牛のようで

【解説】

中国の事である。

第三の生き物は人間のような顔を持ち

【解説】

朝鮮半島の事である。地図の赤い目は平壌である。

第四の生き物は空を飛ぶ鷲のようであった。

【解説】

アメリカである。

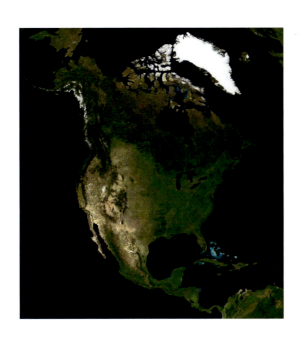 

この四つの生き物には、それぞれ六つの翼があり、その周りにも内側にも、一面に目があった。

シンクロニシティ －共時性－

【解説】

六つの翼があり、内側にも外側にも目のある籠目模様
すなわちダビデの星、神を象徴するエンブレムまたはユダヤ教・イスラエルを意味するシンボルである。

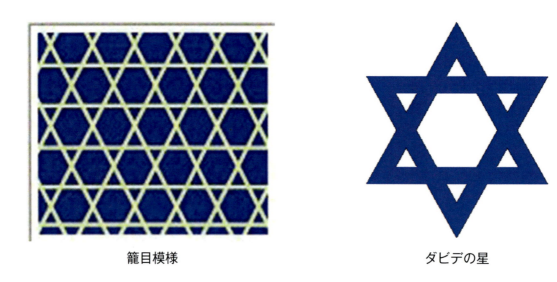

籠目模様　　　　　　　　　　　ダビデの星

彼らは、昼も夜も絶え間なく言い続けた。「聖なるかな、聖なるかな、聖なるかな、全能者である神、主、かつておられ、今おられ、やがて来られる方。」玉座に座っておられ、世々限りなく生きておられる方に、これらの生き物が、栄光と誉れをたたえて感謝をささげると、二十四人の長老は、玉座に着いておられる方の前にひれ伏して、世々限りなく生きておられる方を礼拝し、自分たちの冠を玉座の前に投げ出して言った。「主よ、わたしたちの神よ、あなたこそ、栄光と誉れと力とを受けるにふさわしい方。あなたは万物を造られ、御心によって万物は存在し、また創造されたからです。」

【解説】

ヨハネが見た礼拝のビジョン。バビロン[24]が崩壊し、世界中に一神教の観念、伝道が行き渡り、信教の自由が確立される事を意味している。

---

[24] バビロンとはサタンであるルシファーが支配する国。偶像崇拝の国・皇帝崇拝の国ローマ・また20世紀の共産主義国家ソ連の事である。

【ヨハネの黙示録６章13~】

天の星は地上に落ちた。まるで、いちじくの青い実が、大風に揺さぶられて振り落とされるようだった。天は巻き物が巻き取られるように消え去り、山も島も、みなその場所から移された。

【解説】

イチジクの青い実が、大風に揺さぶられて振り落とされるように見えるのは米軍が開発中だとされている宇宙兵器。タングステンやチタン、ウランといった金属の棒を宇宙から落下させる運動エネルギー弾。破壊力は核爆弾に相当するといわれている。

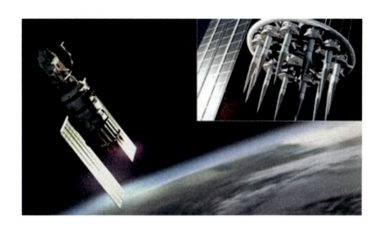

天の星が地上に落ちたというのは宇宙兵器の運動エネルギー弾が落下していく様子。写真はシミュレーション画像である。

シンクロニシティ －共時性－

天は巻き物が巻き取られるように消え去り、山も島も、みなその場所から移された。というのは着弾して爆発した時のキノコ雲の様子の事である。

【ヨハネの黙示録8章8節】

第二の天使がラッパを吹いた。すると、火で燃えている大きな山のようなものが、海に投げ入れられた。海の三分の一が血に変わり、また、被造物で海に住む生き物の三分の一は死に、船という船の三分の一が壊された。

【解説】

冷戦時に開発された核ミサイルICBMの弾頭の事である。宇宙空間まで飛び、弾頭が切り離されて着弾する核ミサイル。

海底核実験である。核爆発した時の破壊力の事を生き物や船が三分の一死に、三分の一破壊されたと表現している。

【ヨハネの黙示録 8 章 10】

第三の御使いが、ラッパを吹き鳴らした。すると、たいまつのように燃えている大きな星が、空から落ちてきた。そしてそれは川の三分の一とその水源との上に落ちた。この星の名は「苦よもぎ」と言い、水の三分の一が「苦よもぎ」のように苦くなった。水が苦くなったので、そのために多くの人が死んだ。

【解説】

これは1986年4月チェルノブイリ原子力発電所事故の事である。たいまつのように燃えている大きな星とは原子力発電所の原子炉が爆発した事を意味している。また放射能汚染で多くの死者と被曝者を出した。汚染はあまりにも広範囲に広がった為、地球被曝と呼ばれた。「苦よもぎ」と言う名前はウクライナ語でチェルノブイリを意味している。

【ヨハネの黙示録 9 章 15～】

四人の天使は、人間の三分の一を殺すために解き放された。この天使たちは、その年、その月、その日、その時間のために用意されていたのである。その騎兵の数は二億、わたしはその数を聞いた。わたしは幻の中で馬とそれに乗っている者たちを見たが、その様子はこうであった。彼らは炎、紫、および硫黄の色の胸当てを着けており、馬の頭は獅子の頭のようで、口からは火と煙と硫黄とを吐いていた。その口から吐く火と煙と硫黄、この三つの災いで人間の三分の一が殺された。馬の力は口と尾にあって、尾は蛇に似て頭があり、この頭で害を加えるのである。

【解説】

人間の三分の一を殺すために解き放たれたというのは第一次、第二次世界大戦の事である。騎兵の数は2億というのは誇張表現で実際は20万人の日本軍の事である。2億の兵隊を持つ軍隊は21世紀の今日においても世界に存在しない。写真は昭和天皇と日本軍兵士達。

炎、紫、および硫黄の色の胸当てというのは日本軍の徽章の事である。写真は元帥徽章。

シンクロニシティ －共時性－

馬の頭は獅子のようでとあるのは日本列島の地図で頭が北九州福岡県、口が鹿児島県に相当している。尾は蛇に似ているというのは細長い北方領土の島々の事である。日清戦争・日露戦争・満州事変・日中戦争・太平洋戦争期に唱えられた大東亜共栄圏などの日本の軍事的版図拡大の事を意味している。

日本軍の版図拡大の攻勢

獅子の頭部・口に相当する鹿児島県。

その口から吐く火と煙と硫黄、この三つの災いで人間の三分の一が殺されたというのは桜島の火山及び第二次世界大戦中の神風特別攻撃隊知覧飛行場、また回天特別攻撃隊などの特攻作戦による攻撃の様子を意味している。頭で害を加えるというのは特攻による戦艦への体当たり攻撃の事である。また日本列島の尾にあたる蛇は北方領土・千島列島で真珠湾攻撃の際に艦隊が千島列島の択捉島単冠湾から出撃している。

回天特攻によって横転したミシシネワ

シンクロニシティ　－共時性－

【ヨハネの黙示録９章20～】

これらの災いに遭っても殺されずに残った人間は、自分の手で造ったものについて悔い改めず、なおも、悪霊どもや、金、銀、銅、石、木それぞれで造った偶像を礼拝することをやめなかった。このような偶像は、見ることも、聞くことも、歩くこともできないものである。また彼らは人を殺すこと、まじない、みだらな行い、盗みを悔い改めなかった。

【解説】

天皇という偶像崇拝によって戦争や空襲・原爆などの災いが起こった事を悟った者はおらず戦後も偶像崇拝の文化は尚続いている事を意味している。偶像崇拝が災いのもとである事を知って改める者は居なかったという事である。

【ヨハネの黙示録 13 章 1～】

わたしはまた、一匹の獣が海から上って来るのを見た。それには角が十本、頭が七つあり、それらの角には十の冠があって、頭には神を汚す名がついていた。わたしの見たこの獣はひょうに似ており、その足はくまの足のようで、その口はししの口のようであった。龍は自分の力と位と大いなる権威とを、この獣に与えた。その頭の一つが、死ぬほどの傷を受けたが、その致命的な傷もなおってしまった。そこで、全地の人人は驚きおそれて、その獣に従い、また、龍がその権威を獣に与えたので、人々は龍を拝み、さらに、その獣を拝んで言った、「だれが、この獣に匹敵し得ようか。だれが、これと戦うことができようか。」

この獣には、また、大言を吐き汚しごとを語る口が与えられ、四十二か月のあいだ活動する権威が与えられた。そこで彼は口を開いて神を汚し、神の御名と、その幕屋、すなわち、天に住む者たちとを汚した。そして彼は、聖徒に戦いをいどんでこれに勝つことを許され、さらに、すべての部族、民族、国語、国民を支配する権威を与えられた。地に住む者で、ほふられた小羊のいのちの書に、その名を世の初めからしるされていない者はみな、この獣を拝むであろう。耳のある者は、聞くがよい。とりこになるべき者は、とりこになっていく。

【解説】

海から獣が上って来るというのは宇宙から見た地球のソ連である。この獣はダニエル書の 7 章にも第四の獣として登場している。

シンクロニシティ －共時性－

－正面から見たソ連の図－

左が頭で胴が豹の様に長く、目はアゾフ海で鼻先はグルジアである。熊の足のように見える爪先（ウラジオストク）から踵までの形。

共産化した東欧十カ国

（バルト三国はソ連に併合されている）
（ブルーはNATO）

それには角が十本とあるのは「鉄のカーテン」が敷かれ、ソ連に併合され共産化した十カ国、ワルシャワ条約機構加盟国（エストニア・ラトビア・リトアニア・ポーランド・東ドイツ・チェコスロヴァキア・ハンガリー・ルーマニア・ブルガリア・アルバニア）の十カ国である。頭が七つありというのは歴代のソ連共産党のトップであるレーニン・スターリン・フルシチョフ・ブレジ

ネフ・アンドロポフ・チェルネンコ・ゴルバチョフの事であり7代目のゴルバチョフでソ連は行き詰まり崩壊を迎える事となった史実を意味している。龍というのはサタンを象徴する言葉である。神を汚す言葉とは神を否定するマルクスの有名な「宗教はアヘンである」といった名言やレーニンの「宗教は毒酒である」といった神を徹底して否定する資本論に端を発した共産主義・唯物論哲学の事である。とりこになる者は、とりこになっていくというのはマルクス主義に感化・洗脳された左翼とその破壊的な左翼運動や暴力革命の事である。そしてこの獣は四十二か月のあいだ活動する権威が与えられ、聖徒に戦いをいどんで勝つ事を許されたとは第二次世界大戦時の独ソ戦（1941年6/22～）に始まりドイツを降伏に追い込んだソ連の勝利（1945年迄）の事を意味している。また、13章4節「その頭の一つが、死ぬほどの傷を受けたが、その致命的な傷も治ってしまった。」というのは第二次世界大戦で疲弊、分断した国家ドイツの事である。すべての部族、民族、国語、国民を支配する権威を与えられた。とは共産主義というイデオロギーによる世界赤化を目論んだコミンテルンやコミンフォルムといった共産党勢力が世界各国に行き渡って影響を及ぼした事を意味している。

【ダニエル書 7：24】

十の角はこの国に立つ十人の王、そのあとにもう一人の王が立つ。彼は十人の王と異なり、三人の王を倒す。

【解説】

共産化した十カ国の他に、セルビアとモンテネグロがボスニア・ヘルツェゴビナをあわせて成立したセルブ＝クロアート＝スロヴェーン王国という3つの連合王国を一つに統一したアレクサンダル国王による独裁体制のユーゴスラビア王国（1929年～）が台頭し、第二次世界大戦後に反ファシストのパルチザンであるティトーによって共産主義（社会主義）のユーゴスラビア連邦人民共和国（1945年）が誕生した事を意味している。

【ダニエル書 7：20】

その頭には十本の角があり、更に一本の角が生え出たので、十本の角のうち三本が抜け落ちた。

【解説】

十本の角は共産化した十カ国。更に一本の角というのは社会主義国となったユーゴスラビア連邦人民共和国の事で1945年に誕生し、十本の角のうち三本が抜け落ちたというのはソ連が十カ国のうちエストニア・ラトビア・リトアニアのバルト三国を併合した事を意味している。

シンクロニシティ －共時性－

【ヨハネの黙示録 13 章 11 節～】

わたしはまた、ほかの獣が地から上って来るのを見た。それには子羊のような角が二つあって、龍のように物を言った。そして、先の獣の持つすべての権力をその前で働かせた。また、地と地に住む人々に、致命的な傷が癒された先の獣を拝ませた。また、大いなるしるしを行って、人々の前で火を天から地に降らせることさえした。さらに、先の獣の像に息を吹き込んで、その獣の像が物を言うことさえできるようにし、また、その獣の像を拝まない者をみな殺させた。

【解説】

ほかの獣が地から上って来るというのは共産主義中国を意味している。子羊のような角が二つあるとは朝鮮半島の北朝鮮（朝鮮民主主義人民共和国）とインドシナ半島ベトナムを指している。共に共産主義（≒社会主義）の国家を意味している。また、地と地に住む人々に、致命的な傷が癒された先の獣を拝ませたというのは東ドイツを占領したソ連の事でレーニンやスターリンの像、ひいてはマルクスの共産主義を信奉、崇拝させるといった意味である。

スターリン像(左)と北朝鮮の金日成の銅像

共産主義国家のソ連では共産主義を信奉しない者を反革命分子（政治犯）として大量の人々を強制収容所に送り、虐殺していた事が明らかになっている。虐殺された人数は数千万人を超えるとも言われている。毛沢東政権下における中華人民共和国でも数千万人以上の人々が虐殺されており[25]北朝鮮に至っては21世紀初頭の今日においても反体制派と見なされた多くの人々が強制収容所に送られ、虐殺されているという報告がなされている。

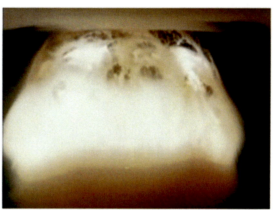

人々の前で火を天から地に降らせることさえした。というのはソ連（左）と中国（右）の核実験の事である。

核実験成功を見て喜ぶ中国人民

25）ソルジェニツィン　収容所群島／スターリン wikipedia 毛沢東 wikipedia 等（確かな数字は判っていない）

シンクロニシティ －共時性－

【ヨハネの黙示録13章16～】
また、小さき者にも、自由人にも、奴隷にも、すべての人々に、その右の手あるいは額に刻印を押させ、この刻印のない者はみな、物を買うことも売ることもできないようにした。

【解説】

これは現代の20世紀から21世紀にかけての内容を意味している。刻印とはバーコードの事や日本の貨幣の合計額である。500円玉・100円玉・50円玉・10円玉・1円玉を合計すると666円になる。いわゆる貨幣経済・資本主義時代の事を意味している。

バーコードの読み取りの際の左端・中央・右端の数字はどのような商品においても必ずそれぞれ6・6・6である。これらの6・6・6の数字が無ければバーコードの読み取りは成立しない。

この刻印は、その獣の名、または、その名の数字のことである。ここに、知恵が必要である。思慮のある者は、獣の数字を解くがよい。その数字とは、人間をさすものである。そして、その数字は666である。

【解説】

数字は666で、この666というのは金（カネ）の事である。そしてその獣は人間の名前を表

しているということは、666の総画数で表されており同時に「金」にまつわる人物であるという検討が立つ、該当する人物は

金日成 18画＝（6＋6＋6）

また同時にこの666というのはヘブライ語のゲマトリア数秘術から計算され、獣及びサタンの数としてローマ帝国の暴君と言われた皇帝ネロをも意味している。

シンクロニシティ －共時性－

【ヨハネの黙示録 14：9】
だれでも、獣とその像（姿・形・イメージ）を拝む者は／神の怒りのぶどう酒を飲む事になり、聖なる天使たちと子羊の前で、火と硫黄で苦しめられることになる。その苦しみの煙は、世々限りなく立ち上り／昼も夜も安らぐ事はない。

【解説】

獣の像（姿・形・イメージ）とは金日成、金正日や金正恩あるいはまた朝鮮民主主義人民共和国のイメージと一致し、同じ精神属性を持つリア充[26]と呼ばれるもの。

神の怒りのぶどう酒を飲むというのは頻繁に開催される飲み会やアルコール依存症の事を意味している。聖なる天使たちと子羊の前で、火と硫黄で苦しめられることになる。その苦しみは、世々限りなく立ち上り／昼も夜も安らぐ事はないというのは、イメージ崇拝（偶像崇拝）に対する神罰によって精神が霊的な火と硫黄で焼かれて苦しみの状態に置かれている事を意味している。

---

[26] リアル(現実の)生活が充実しているように見える人の事。思春期の少年少女が理想に抱く傾向のある幻。楽しそうで華やかに見えたりするがうわべを繕っているだけの虚像であり内面は空っぽで歓喜が無く毒と憎悪また邪気に満ちた死の世界また嘘偽りの関係に悩まされる苦痛を伴う霊的地獄の世界。外側は光輝いているかのように見えたりするが実態は闇の世界でもある。

【偶像崇拝に対する神罰】

ノイローゼ・ヒステリー・うつ・そううつ病等の精神疾患、頻繁に開催される飲み会など集団中毒の神罰（詩篇75：9／エレミヤ49：12）

　　ダニエル12：2）また地のちりに眠っている者のうち、多くの者は目をさますでしょう。そ
　　　　　　　　のうち永遠の生命に至る者もあり、また恥と、限りなく恥辱をうける者もあ
　　　　　　　　るでしょう。（このような者は永久に続く恥と憎悪の的となる。）

シンクロニシティ －共時性－

【ヨハネの黙示録 14：11】

獣とその像とを拝む者、また、だれでもその名の刻印を受けている者は、昼も夜も休みが得られない。

厚生労働省　患者調査の統計

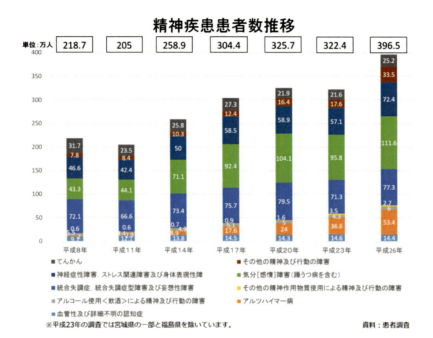

【出典】患者調査

【解説】

666とは金（カネ）の事をも意味しており、拝金主義・物欲・強欲に生きる現代人の精神は安らぐ事がないと言う意味である。それらは現代の社会が抱える問題となっている精神の病が急増・激増している事が統計等にもはっきりと表れている。

【ヨハネの黙示録 16 章 2】

そして、第一の者が出て行って、その鉢を地に傾けた。すると、獣の刻印を持つ人々と、その像を拝む人々とのからだに、ひどい悪性のでき物ができた。

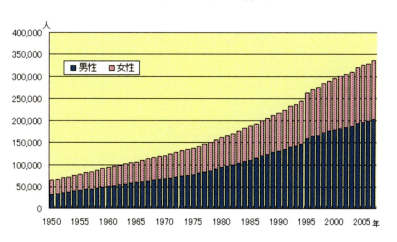

【解説】

今日の癌患者の急激な増加の事を意味している。

シンクロニシティ －共時性－

【ヨハネの黙示録 16 章 10~】

第五の者が、その鉢を獣の座に傾けた。すると、獣の国は暗くなり、人々は苦痛のあまり舌をかみ、その苦痛とでき物とのゆえに、天の神を呪った。

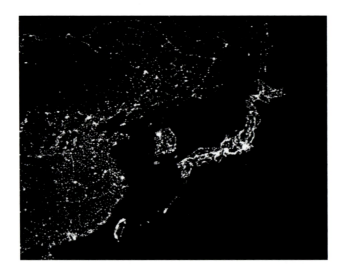

【解説】

北朝鮮の衛星写真。電気が通っていない金一族が支配する国（朝鮮民主主義人民共和国）だけが暗くなっている。人々の苦痛とは強制収容所・公開処刑・虐殺・飢餓などの事を言っている。

飢餓に苦しむ北朝鮮ホームレスの女性

【ヨハネの黙示録 16 章 4】

第三の者が、その鉢を川と水の源とに傾けた。すると、みな血になった。

【解説】

水質汚染による中国の赤い川のことである。

シンクロニシティ　－共時性－

【ヨハネの黙示録 19 章 20 節】

しかし、獣は捕らえられ、また、獣の前でしるしを行った偽預言者も、一緒に捕らえられた。このしるしによって、獣の刻印を受けた者や、獣の像（姿・形・イメージ）を拝んでいた者どもは、惑わされていたのであった。獣と偽預言者の両者は、生きたまま硫黄の燃えている火の池に投げ込まれた。

獣のイメージがキャプチャーされたという意味である。このような幸福の姿・形・イメージ崇拝をしていたものはこのイメージが内心の伴わない上辺だけのまやかし・幻・虚像である事に気づかずに理想として崇拝し、幻想に惑わされていたのであったという事である。笑顔で幸福のイメージを売りにする者はカルト宗教の教祖にも多く見られる。

【ヨハネの黙示録 19 章 20 節】

獣欲主義者・拝金主義者・偶像崇拝者の内実は悪性自己愛であり聖書の記述にある666の獣である。

【神罰】

ノイローゼ・ヒステリー・鬱病など精神疾患やアルコール・向精神薬・美容整形・ギャンブル・共依存などの依存症／自己愛の奴隷＆餌食／同性愛／機能不全家族（家庭内暴力・不貞・離婚・絶縁・虐待など）／リストラ解雇／詐欺の被害など経済的大損／中途挫折／過労死／自殺／癌・高血圧・糖尿病などの生活習慣病に加えカルト宗教崇拝は事件・火事・事故・裁判に縁が深くなる。

【運命】 (rot（腐敗）/lose（失う・迷う）/ruin（破滅）/wander（放浪）

短期間～ある程度の期間は破竹の勢いで快進撃を遂げることが多いが衰亡と破滅の運命を背負っている。末路は家族・友人・恋人など殆ど又は全てを喪失する。（捨てられる）まともな子孫繁栄は不可能（エレミヤ49：10～11）。呪いと死と破滅の罰は人生で払わされる運命を辿る事になる。

【判決】

お前は地をさまよう（創世記4：12）

獣は金日成・偽預言者は統一教会の文鮮明（左）である。

獣と偽預言者の両者は、生きたまま硫黄の燃えている火の池に投げ込まれたというのは霊的な裁きと災いを意味している。

シンクロニシティ －共時性－

統一教会・文鮮明の息子達　文顕進（左）と文孝進（右）

獣の末路 (北朝鮮の金親子のリアル顔写真を使用した風刺画)

20 章では獣の像（リア充のイメージ）を拝む者を神は天からの火（霊的な爆弾による空襲）で焼き滅ぼし、また霊的な火の池に霊を投げ込んで裁き、21 章では新しい天と地の到来によって神の勝利を確約する内容が記述されている。人道的世界秩序及び世界規模での信教の自由が確立される時代の到来の事を意味している。

【参考文献】

聖書　口語訳　日本聖書協会
聖書　新共同訳　和英対照日本聖書協会
聖書　新改訳　いのちのことば社
旧約聖書Ⅰ　律法　旧約聖書翻訳委員会　岩波書店
図説　地図とあらすじでわかる！聖書　船本弘毅　青春出版社
超！超訳「聖書」が一気にわかる本　大城信哉　永岡書店
創世記　C.B.シンクレア著　日本キリスト教団出版局
17歳からの聖書の読み方　クリスチャン・ニュルンベルガー　主婦の友社
図解雑学　旧約聖書　雨宮　慧　ナツメ社
コーラン I&II　藤本勝次　伴康哉　池田修　中央公論新社
ヴィジュアル版　聖書　読解事典　ヘンリー・ウォンズブラ　原書房
ユダヤ古代誌　フラウィウス・ヨセフス　秦　剛平訳
詳説　世界史研究　山川出版社
もういちど読む山川世界史　山川出版社
世界史（上・下）　ウィリアム・H・マクニール　中公文庫
図解　世界史　普及版　西東社
世界史に躍り出た日本「日本の歴史」5　明治篇　ワック株式会社
世界の歴史　10　J.M.ロバーツ　創元社
2つの流れが1つになる！日本史と世界史　瀧音能之
聴くだけ世界史　近現代　河合塾　植村光雄　株式会社　学研教育出版
MY BEST　よくわかる世界史　鶴間和幸　監修　学研教育出版
世界史図録　ヒストリカ　谷澤伸・甚目孝三・柴田博・高橋和久　山川出版社
図解　世界史100人　成美堂出版
読むだけですっきりわかる世界史　古代編＆中世編＆近代編＆現代篇＆現代史　計5巻
手軽につかむ　世界史　ハンドブック　隅田直樹　リベラル社
イスラエルを知るための60章　立山良司　明石書店
ユダヤ人の歴史　シーセル・ロス　みすず書房
雑学3分間　日本人が知らないユダヤの秘密　佐藤唯行　PHP研究所
ロスチャイルド家　横山三四郎　株式会社講談社
ユダヤ人とローマ帝国　大澤武男　株式会社講談社
そうだったのか！アメリカ　池上　彰　集英社文庫
そうだったのか！現代史　池上　彰　集英社文庫

2. マクロ精神分析

歴史は神によってプログラムされている事は【シンクロニシティ-共時性-】のページにて説明しているが、また同時に歴史の中で人類の精神も相反する２つの観念が存在している事を発見する事が出来る。すなわち神中心の精神と人間中心の２つである。聖書では神中心の精神は「羊の精神」として、また人間中心の精神を「山羊の精神」として著されている。マクロ精神とはこれらの精神を集合意識として巨視的に捉えたものである。また聖書の中におけるエサウ（山羊）とヤコブ（羊）の闘争[27] ひいてはカインとアベルの闘争がこれまでの人類の歴史の中で展開されてきていたことを本論にて説明すると同時に理非曲直をも明らかにし、正義と真理に基づいて裁きを出している[28]。

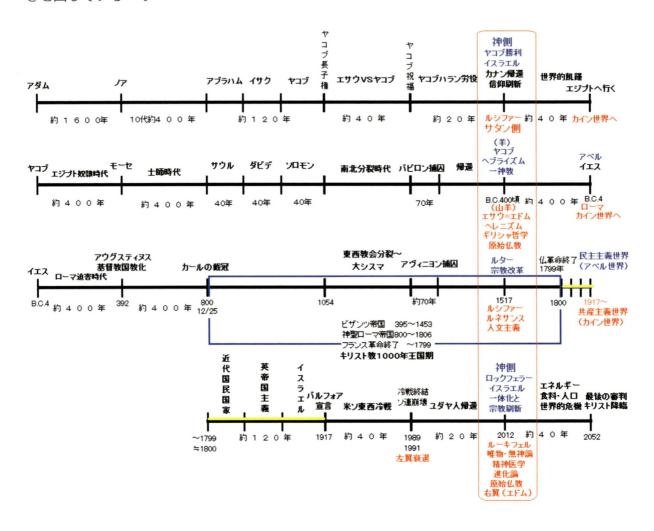

---

27) マタイ25：31～46　山羊と羊をより分けて神が裁いている事をイエスが予言（prediction/prophecy）している記述である。本論で明らかにしている。また本論によりイエスが神・救世主（savior）・油注がれた王（messiah）である事も併せて明らかにしている。

28) 審判者の神・イエスが人類を痛烈な懲罰を以て裁いている事実をヨハネの黙示録19：11～に登場する「誠実・真実な者（Honest）」＝本論著者が明証している。

◆◈◆ ヘレニズムとヘブライズム　B.C400頃〜 ◆◈◆

自然の事物や現象を観察し、万物の根源について様々な仮説が打ち立てられると同時に人間の理性によって考え出された哲学・倫理・道徳的正義が説かれたヘレニズムと、それに対して全ての万象は唯一の神によってコントロールされているとする世界観と神を正義とし、神の教えのみを真理とするヘブライズムである。ヘレニズムが山羊＝エドム精神でヘブライズムが羊＝エデン精神であり両者の比較でどちらが正しいのか明らかにする。

Socrates
- 悪法も法なり
- 無知を告白し、無知を装い問答する
- masturbation/illusion【Edom】
- addiction/abduction
- mania/enigma
- 著作無し
- 弁明あり

Jesus
- 貴方の罪は赦される
- 罪を告白し、赦しを得る
- Zion【Eden】
- affection
- anima
- 著作無し
- 弁明せず

ヘレニズム期から西暦元年頃に現れたソクラテスとイエスという人物の比較である。共に歴史上の人物であり、また同時に非業の死を遂げた人物でもある。ソクラテスは国家の神ゼウスを信ぜず他の神（ダイモニア）を信じた罪と青年に悪い影響を与えて堕落させた事について「罪」に問われ裁判にかけられたが、以下が青年に悪い影響を与えたとして訴えられた際のソクラテスの弁明の内容である。

「人は自分を益する善人よりも自分を害する悪人を欲する事はない。故にもし私が青年に悪い影響を与えて青年を悪い者にしているなら、私自らがその悪い青年から害を受ける危険を欲しているという事になるが、そんな馬鹿げた事をする者は居ない。故に、

1、青年に与えた影響は悪いものではない。
2、悪い影響を与えたなら意図的ではなく無自覚であって悪意はない故に私は無罪である。
3、私は青年に良い影響を与えている。

この弁明から３つの主張を読み取る事が出来、また主張が妥当性を持っているように聞こえるが、これはアブダクション（もっともらしく聞こえる仮説生成・仮説的推論）また錯覚（illusion）に過ぎず、正確にはソクラテスの青年に与えた影響が「良い（good）」影響なのか「悪い（bad）」影響なのかどうかが判定不能であり、良い（good）と判定しても悪い（bad）可能性が否定出来ず、また悪いと判定しても良い可能性もあり、価値は謎（enigma）である為どちらかの判定を出した場合は虚偽（lie/false）・間違い（false/wrong）となるようなものである。また青年が堕落したかしていないかも判定不能であるが史実では有罪が確定している。この裁判は悪（evil/wrong）に対する裁きではなく、主観的な良し悪し（good and bad）による判断によって物事が悪い（bad）と判断され、その判断が悪（evil/wrong）と見なされ、有罪（guilty）とされている不当な裁きである事が判る。ソクラテスも「悪くない（not bad=false）」とか「良い（good=false）」という主張、すなわちfalse（虚偽）によって潔白・無罪（innocent）を主張していたのである。

またソクラテスは国家の神ゼウスを信ぜず（not worship）他の神霊（ダイモニア）を信じている（worship）という罪（涜神罪）について問われているが、以下がソクラテスの弁明の内容である。

「他の神霊の類を信じている（cognize）が国家の神ゼウスを信じない（not cognize）等という事はありえない。ラバを馬とロバのあいの子と認めて（cognize）おきながら馬もロバの存在も信じない（not cognize）という事はありえない。故に私は国家の神ゼウスを信じて（worship）いる。」

この弁明は詭弁であり「存在を信じる・存在を認める（cognize）」という言葉を用いて自身が国家の神ゼウスを崇拝（worship）していると誤魔化して主張しているのであるが、アテナイ民衆にとっては国家の神以外の神霊（ダイモニア）の方を「崇拝（worship）」しているはずだと思われた為に罪ありとされた。この審理においてはソクラテスが詭弁を用いた為、ダイモニアの方を崇拝していた可能性は高いが、真実はソクラテス自身の内心の問題であり、決して裁判で他の者に判りえず、判決は主観的な憎悪の感情によってなされた不当なものであるが評決で死刑が確定し、ソクラテスは毒杯を仰いで刑死している。

一方のイエスであるが、イエスはローマ帝国に対する反逆の罪に問われ、裁判にかけられる事となったが、裁判において彼自身はメシアである事を主張したがローマ帝国に反逆を企てるユダヤ人の王を自称したとして有罪の死刑が確定している。イエスの裁判においてもイエスが何者であるかを裁判が判定し（judge）、その判定（judge=enigma）がすなわち「悪（false/wrong）」となり「罪（guilt）」となって裁かれているのである。裁判こそがこのような虚偽（false）ま

た謎（enigma）で裁くという間違い（false/wrong）を犯しておりイエスは潔白・無罪（not guilty=innocence）であった。このイノセンスこそが正義に他ならない。

ルカによる福音書 23：34）イエス「父よ、彼らをお赦しください。自分が何をしているのか知らないのです。」

不確かな物（enigma）の良し悪しや、人物に何らかの悪い（bad）評価を下して、それらを悪（false/wrong）とし、罪に定めて裁くという愚かな間違い（false/wrong）を犯している（guilty）事に気づいていない人々のことを嘆いているのである。イエスの死後、彼は正しかった（innocent）事が明証されていくことになる。（イザヤ 41：25~26）また哲学については、

ソクラテス　—魂の配慮—

「世にもすぐれた人よ、君は、アテナイという知力においても武力においても最も評判の高い偉大な国都の人でありながら、ただ金銭をできるだけ多く自分のものにしたいというようなことにばかり気をつかっていて、恥ずかしくないのか。評判や地位のことは気にしても、思慮や真実のことは気をつかわず心配もしていないとは……

ソクラテスは無知を告白しながら無知を装い問答[29]する等、思慮や真実のことは気をつかわず心配もしておらず嘘をついており、自身の言行に真理[30]は無く、無罪すなわち正義の体現に失敗していた事も判るのである。

エレミヤ 49：10）わたしがエサウ（エドム）を裸にし、その隠し所をあらわにし、身を隠すこともできないようにする

このような哲学は「すぐれた」や「最も評判の高い偉大な」など不確か（enigma）または虚偽（false）である空文句（empty word/useless word）を用いた空理空論で道徳に見せかける道楽であり、マスターベーション（自慰）に他ならないという事が明らかになるという意味である。（個体精神分析参照）。

ソクラテスは偽善すなわち false（虚偽）によって無罪・正義を獲得しようとしたが、正義は何か良い事をして得られるものではなく、また悪（evil/wrong）を成敗する事で得られるものでもない[31]。無罪そのものが真の正義である。

---

[29] 問答法（助産術・産婆術）
[30] 真実と真実の伴った正しい道理
[31] 悪（evil/wrong）を裁き罰する事は正しい事・正義であるがそれを行っても行った者が正義そのものを獲得する事は出来ない。

アリストテレスとアウグスティヌス

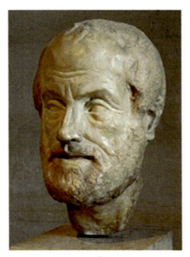

Aristotélēs
アリストテレス
神は不動の動者である

Augustinus
アウグスティヌス
神は不可変的な生命である

アリストテレスとアウグスティヌスの相反する神についての認識である。アリストテレスは神は「不動の動者」すなわち自身は動かないが譬えるなら無機的で機械的に全てを自分に向けて人間を動かす存在として定義しているのに対し、アウグスティヌスは「神は不可変的な生命である」すなわち生命を持っており憐れみや導きをする生きている不可変的な生命の存在であると説いている。既に【シンクロニシティ - 共時性 -】の年表において神は機械的な存在ではなく神の自由な意思によって、あるいはまた神の言葉によって人類を導き歴史を展開させている事が判明しているように神は機械的ではなくまた「不動の動者」ではない事も明らかである。またアリストテレスとアウグスティヌス（一神教）の人間観についての認識の違いもありアリストテレスは社会的動物（ポリス的動物）であると主張しており、「何かをする動物」であるとか「最高の動物」といった主張により完結している。一神教においては人間を神の子であると認識されており、動物と人間の違いを明確に区別しており人間は人格を持ち、創造性と信仰心を持つという点において動物とは決定的に違う点を主張している。アリストテレスの主張であれば人間は創造性を持ち信仰心を持つ動物であるという事になるが実際に創造性と信仰心を併せ持つ動物が存在しない事からアリストテレスの認識は否定する事が可能でありまた人間＝動物としてしまえば言葉が定義する明確な差異が存在しなくなってしまう為、哲学で人間を語る場合においては人間＝動物とせずに動物は動物として人間は人間として人格・創造性・信仰心などの特有の本質を明らかに挙げた上で定義したほうが適切であると言える。

◆◆◆ 宗教の外観的類似性と内容の背反 ◆◆◆

Zeus（ゼウス　ギリシャ神話の最高神）

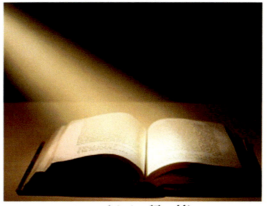
Deus（ラテン語：神）

ギリシャ神話は様々な神が存在し、神託を伺う事はあったが教義や経典、特権的な神官も居ないのがギリシャ宗教の特徴である。一方のヘブライズムは経典（旧約・新約聖書）が存在する。偶像礼拝の禁止など神からの啓示と戒律が存在している。ギリシャ神話は彫刻（Sculpture）や彫像（Statue/Statues）を信仰に用いた。ヘブライズムではScripture（聖書）を成文法（statute）と捉え精神的成長（Stature）を目指した。

英雄ヘラクレス（Hercules）

救世主キリスト　Jesus（Christ）

ギリシャ神話で英雄の半神ヘラクレスに対し、ヘブライズムではメシア（救世主）として登場した神の一人子イエスが登場している。メシアはギリシャ語ではキリスト、救い主を意味する。ヘラクレスの父はゼウス神、妻は人間のアルクメネ。一方ヘブライズムではイエスの父は天地創造の神、母は人間のマリア。共に神として、また神格化され崇拝の対象にもなっている英雄ヘラクレスと救世主クリスト。外観・呼称の類似性が存在している。

◆●◆ ルネサンスとルターの宗教改革　A.D.1517 〜 ◆●◆

ローマ教皇を中心とする西洋のキリスト教における神中心の精神は教皇の腐敗及び堕落によって宗教改革の動きが起こった。ルターによる宗教改革である。また同時に教会の伝統的権威に対抗して現実的な人間中心の文化を築こうとした宗教的精神に反する動きが現れた。古代のギリシャやローマの人間味のある文芸を復興させるヒューマニズム（人文主義）の考え方である。この時、人間の精神における自由意志論争が起こり、自由意志を認める立場に立った人文主義者のエラスムスと「自らの自由意志によってあらゆるものになれる可能性をもっている」と説いたピコ・デラ・ミランドラに対し、ルター・カルヴァンはこれを認めないという主張の対立があらわれた。エラスムスの言うように少なからず自由意志は存在するという主張においても、また自由意志は全く存在しないというルターの主張においてもどちらの主張が正しいと決め付ける事が不可能で確かめようがなく、またこのお互いの相克する論では自由意志ひいては精神そのものについて語るにしてはあまりにもナンセンスなのである。そこには神の意思・運命・必然や必須といったものが複雑に関係している状況を聖書と歴史の間に多く発見する事が出来るからである。人類の運命については【シンクロニシティ-共時性-】にて詳述している通り神の言葉によって歴史は展開されている事が判明しており、王や君主、将軍、大統領、有力者に至るまで神が選んでいる事が判る。またローズヴェルト大統領、ヤコブ・シフ、エドモン・ド・ロスチャイルド男爵、金日成といった名前も神があらかじめ歴史の中に登場する事を定めた人物である。イエスがメシアとして登場する事もイザヤ53章とエレミヤ23章5節〜6節で預言がなされている。従って人類の運命と歴史の成り行きが神の意思によって決定されている[32]故に、ある程度は神が人類の精神の働きと意思の決定に干渉している事は明らかであると言える。神が定めた運命や決定を人間が具現している事から「人間自らの意志によって」というよりはむしろ「神の意思」と言う事になるのである。たとえ人間一人一人に与えられた自らの自由意志の割合が多いとしても、その人類の自らの独自のアイデア、自由意志のみで歴史を動かしたと考える事はできない。従ってピコ・デラ・ミランドラの主張は誤りである事が判る。与えられた自由意志によっては何者かになれる可能性はあるかもしれないが、神が定めた人類の歴史や運命といった大きな流れを人間自らの自由意志のみで何者かになり作為的に変革させるといった事までは不可能である。神の言葉によって宣言された計画しか成就しないといって良い。また建築・音楽・文学等に才能を発揮したアルベルティも「人間は意欲しさえすれば、自分の力で何でもできるものだ」と説いているが間違いであり（個体精神分析参照）聖書において神は人間の力や意欲を万能と見なすことは罪に定めている[33]。運命及び何者になるのかという事について言えばソクラテスとイエス、アリストテレスとアウグスティヌスという対比的に現れる双方の外観や名称の類似性と内容の背反を見ても、また彼らが何者になって何をしたのかは神によってあらかじめ定められたものであると判断する事が可能である。歴史の中においては他にも古代エジプトのラメセス（Ra-moses）やトトメス（Tut-moses）

---

32) コヘレト9：1 / 箴言16：4
33) ハバクク1：11 / 申命記8：17

とそれに対するモーセ（moses）、ファラオ（Pharaoh）とパウロ（Paul）、聖書に登場する人物である囚人バラバイエスとイエスキリスト、偽預言者のバルイエス（Bar-Jesus）とイエス（Jesus）、地方総督パウルス（Paulus）とパウロ（Paul）、シーザー（Caesar）とジーザス（Jesus）、魔術師エリマ（Elymas）とエリヤ（Elijah）など予め歴史上の登場人物まで神が定めており神側の意思を具現または反映した者であるか、または神を否定した理性万能主義的な精神すなわちサタン側の意思を具現または反映しているかという違いが実際のところ大きく影響していると言える。また人類ひいては個人の運命についても神が定めている[34]のである。以上の事から自由意志は存在するとすれば神が定めた歴史の運命の範囲内でのみ存在していると考える事が出来る。なぜならば神が決定した人類の歴史における人類の必須体験と必然的なもの以外までも束縛する必要や理由が見当たらない故である。

ルネサンス

Lucifer（ルシファー）

宗教改革

Luther（ルター）

ルネサンスは芸術・美術・建築・文学・科学といった分野が発展した反面、人間の万能性や理性を過信した故に道徳的頽廃をもたらした側面もあった。このような理性を万能とする精神、神から離れた世界観や精神のあり方を唱える思想の背景には背後から人間の意識に干渉・束縛するサタンすなわちルシファー（Lucifer）の存在が関係している

---

34)詩篇37：23 / 箴言5：21 / 箴言20：24

◆◆◆ フランス革命後からの動き After A.D.1799~ ◆◆◆

弁証法的精神展開（図）

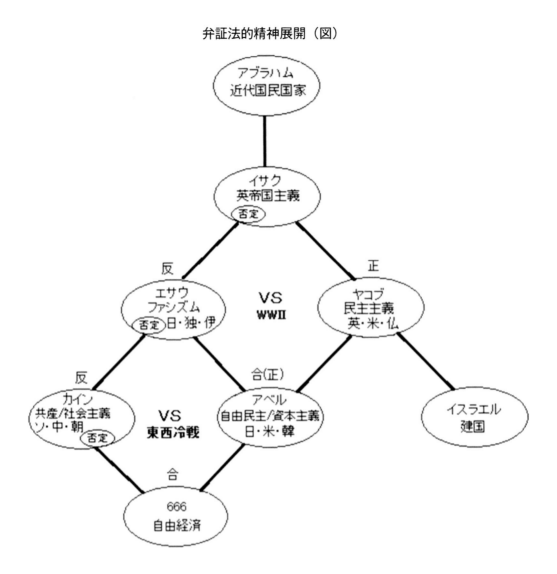

アブラハム（近代国民国家）からイサク（英帝国主義）を肯定する要素としてヤコブ（英米仏）とそれを否定するエサウ（日独伊）、さらにエサウすなわちエドム精神とアベル精神を否定するカイン精神（ソ中朝の社会主義≒共産主義）が生まれ、カイン精神の経済的イデオロギーすなわち社会主義が否定され統合されて現代の市場経済・自由経済という弁証法的な流れを取る事になった。

◆◆◆ 第二次世界大戦における対立する精神の双方の外観と名称の類似性 ◆◆◆

エサウ(エドム)	vs	ヤコブ
国家主義(全体主義)	vs	自由主義・ユダヤ・キリスト教
エドム精神【Edom】	vs	エデン精神【Eden】
Esau(エソォ) asshole(下衆野郎)	vs	Jesus(イエスース) apostle(使徒)
Feudalism(封建制度)	vs	Judaism(ユダヤ精神)
confucianism(儒教)	vs	zionism(シオニズム)
Jejus(徳川家康)	vs	Jesus(イエスス)
Lucifer(ルシファー=サタン)	vs	Ruwach(ルアハー=神の霊)
Demon/dreamer(鬼と夢想家)	vs	Dream one(理想の人)
Nazis(ナチスドイツ)	vs	Nazir(ナジル) Nazarene(ナザレ人)
Hitler the Fuhrer(ヒトラー総統)	vs	Healer(いやす人)
evolutionist(進化論者)	vs	zionist(シオニスト)
Samurai(侍)	vs	Samson(サムソン)
Bushi(武士)	vs	Breshit(初めに＜神の言＞)

第二次世界大戦における精神比較である。エサウ(エドム)精神は礼儀礼節を重んじる封建的な精神であり一方の神側に属するヤコブ精神ではそのような礼儀礼節を否定する精神である。またエドム精神では死を最高のものとする独善的価値感を有し、また強い者や成績など優秀な者を正義とする精神であり偽善と背理の精神を特徴としている。エサウ(エドム)は第二次世界大戦において連合国(ヤコブ)に敗北を喫しておりこのようなエドム精神による統治は否定され消滅する事となった。

エドム精神とヤコブ精神の人物比較

シンクロニシティ －共時性－

徳川家康(Ieyasu)
Jejus(イエヤス)

イエス(Iesu)
Jesus(イエスス)

Hitler / Fuhrer
ヒトラー総統

Healer
いやす人

◆◆◆ コンセプト及び精神比較 ◆◆◆

Master(主人)

Pastor(霊的指導者)

コリントの信徒への手紙一 3：11) イエス・キリストという既に据えられている土台を無視して、だれもほかの土台を据える事はできません。／おのおのの仕事は明るみに出されます。なぜなら、

かの日が火と（flame/fire）共に現れ、その火はおのおのの仕事がどんなものであるかを吟味するからです。

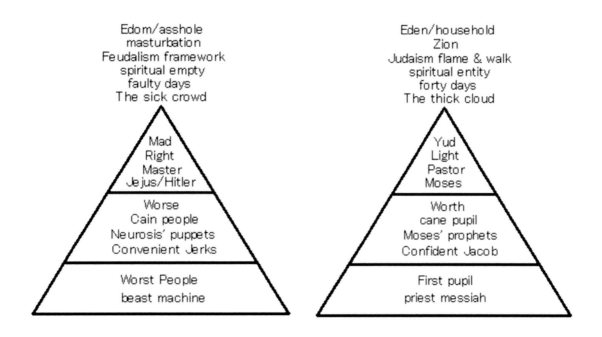

左のエドム精神の支配形態と右のスピリチュアルなエデン精神との精神実態における比較である。エドム世界では神格化された人気の人物崇拝（jock）や国家や組織のシンボル・エンブレム（emblem）を崇拝する世界であり、また人間中心の世界である。エドムにおいては右翼（right）による支配で天皇（朕）やヒトラーなど偽の神の為に配下の者を手段として、目的を達成する為に利用する。下層の者は組織のポリシーで飼育・調教・虐待される被害者のカイン（個体精神分析参照）であり主人からは粗野で無学な奴（peasant）又は便利な間抜け共・役に立つ馬鹿（convenient jerks/useful idiot）として利用される事になり対価は金銭に加え褒賞として勲章や表彰状といった物質的利益（material profit/prize）がもたらされる。配下の者は偽りの仮面を被り見せかけの自分（pretence/fake）を演じており、また上層からのプレッシャー（pressure）でノイローゼを起こして主人の操り人形（Neurosis' puppet）のようになるのが特徴である。エドム精神では上の階層ほど偉くて正しいという前提で統治が行われ、善の存在として崇められるトップの主人（master）が説く良いもの（good thing）が即普遍的真理と見なされる為、共同幻想により集団狂気（mad）を起こす。外見的にも同じ服・同じ髪型など人々が同一化し、さらに思考の型（pattern）にも嵌められてロボット（robot）のようになる。下の階層に行く程に悪い者（worse）、さらにその下層は最悪の者（worst people）という階層を成しており優劣による差別精神・自己愛精神を伴う。またエドムの統治においては人間観が進化した動物（evolution）という捉え方をする為、教育などにおいても動物の調教と同じ様相を呈するが精神的な動機は調教する者の威厳を高める為やサディストの性的快感またホモセクシャルのSM（asshole/homo）が疑われるものが多く実態はエロティシズム（eroticism）またエゴイズム（egotism/egoism）である。エドム世界では個人崇拝（cult）を伴いトップに立つ者

が偉大な神として崇められ配下の者達がその偉大な神を死守させられるという背理が起こる。主人の下層・最下層に対する見方は殆ど変わらず共に家畜（≒ beast）や機械（machine）の一部として利用され、用が済めば捨てられる（abandon）運命にある。一方で右はエデン精神であり神（真）中心の世界である。トップに立つのは霊的指導者（pastor）のモーセである。エデン精神では偉い人とか良い人というのは存在せず、人間は本質的に平等な存在として捉える精神である。モーセの役割は40日40夜シナイ山に登って火と雲（flame & cloud）と密雲（the thick cloud）の中から語りかける[35]神から十戒[36]を受け、それを配下の者に伝達するという役割を担っている。下層にモーセに追従する預言者（Moses' prophet）がおり神の啓示（revelation）を忠実にイスラエル民族（Israel=confident Jacob）に伝達する役割を持つ。そして礎の石[37]として、また第一の使徒（first pupil）として愛（caritas）・命（life）と励ましを与えるイエス（rock/pivot）が最下層[38]に入る。この世界はいわば神の家（household/home）であり主の栄光（dazzling light）を賛美（praise）する真理のヒロイズム（heroism）[39]である。真理においては神が民の為に闘い[40]、トップに立つ神（Yud）が民（pupil）に火（fire）と雲の柱で導き[41]、自由や祝福・豊かさ（abundance）・喜び（pleasure/pleasant）・恩恵（paternal & maternal benefit/present）・溌剌とした考え（youthful ideas）等を与える為に霊的な階層構造を成しており杖（cane）をもって歩く（walk）という理念である。左のエドム精神は善と正義を立派に見える物質によってでっち上げているにすぎず、偽善（≒ false/lie）であり真の見せかけ（fake/pretence）であって実態は労働（work）する病気の群集（the sick crowd）による不道徳な団結（immoral band）である。一方の右のエデン精神は真理の神が存在（presence）している精神的な永遠の絆（immortal bond）であり霊的世界の実体である。

35）出エジプト 19：9 / 出エジプト 24：16~17

36）出エジプト 20：3~17

37）マタイ 21：42 / マルコ 12：10

38）マタイ 20：25~28 / マルコ 10：42~45

39）詩編 102：19

40）申命記 1：30

41）出エジプト 13：21 / 民数記 14：14

◆◆◆ 属性比較 ◆◆◆

puzzling right
困らせる右翼

dazzling light
まばゆい光

三島由紀夫 1970年
queer person / odd / homo
（変な人 / 奇天烈 / ホモ）

key person / God / home
（鍵となる人物 / 神 / 家）

embarrass
困惑させる
bother
迷惑をかける

embrace
愛情を持って抱く
brother
兄弟・同僚

シンクロニシティ －共時性－

Neurosis' puppet
ノイローゼの操り人形
moron
馬鹿・間抜け

Moses' prophet
モーセの預言者
Aaron
アロン

immorality(不倫)
lie(嘘)
robot(ロボット)
sex machine(セックスマシン)
beer(ビール)
beast(獣)
jock(体育会系)

immortality(永遠の生命)
life(命)
pivot(中心人物)
X messiah(キリスト メシア)
cure(いやす)
priest(祭司)
rock(岩)

コリントの信徒への手紙I 4：5）主は闇の中に隠されている秘密を明るみに出し、人の心の企てをも明らかにされます。　右のイエスとの比較によってわかる左の者の属性。嘘と不正を愛する自己愛性人格障害で酒とセックスの為に生きている事が今さら実例を挙げるまでもなく誰の目にもわかるという意味である。

マクロ精神分析

◆◆◆ 冷戦時 ◆◆◆

毛沢東文化大革命
Revolution(革命)

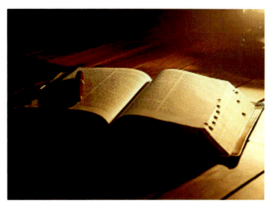

Revelation(啓示)

共産主義陣営のサタン精神
ルーキフェル(ルシファー)

自由主義陣営を象徴する人物
ロックフェラー

カイン(共産主義陣営)とアベル(自由主義・民主主義陣営)における外観と名称の類似

カイン(全体主義・共産主義)	vs	アベル(自由主義・民主主義)
プロレタリアート(労働者階級)	vs	プロテスタント
プロレタリア(賃金労働者)	vs	ピューリタン(清教徒)
プロレタリア文学	vs	ピューリタン文学
資本(論)	vs	聖書
Statement(綱領・命題)	vs	Testament(聖書)
Revolution(革命)	vs	Revelation(啓示)
ルーキフェル(ルシファー)	vs	J・D・ロックフェラー
Soviet(サタン)Goblin(ゴブリン)	vs	Sovereign(神)
コミンテルン	vs	コンツェルン
キム・イルソン(金日成)	vs	ウィルソン大統領
Stalin(スターリン)	vs	Starring(主役=イエス)
Iron(鉄)	vs	I Am(わたしはある)

非常に酷似した外観と名称であるが精神は異なる。共産主義においてはマルクスの資本論を思想

63

とし、党・組織が作った綱領・命題（Statement）などに基づいて暴力的な世界的共産主義革命（Revolution）いわゆる世界赤化を目指す事を理念としている。一方の西側の自由主義国アメリカでは大統領などの有力者の多くはプロテスタントであり聖書の啓示に基づいた精神である。サタン（ルシファー）を中心とする共産主義世界は1991年ソ連が崩壊する事により社会主義という経済的イデオロギーは事実上崩壊している。また第二次世界大戦が終結してからの冷戦期においてはプロテスタント精神が健全に受け継がれているとは言い難く、聖書よりもむしろマックスウェーバーの唱えた資本主義精神がプロテスタンティズムに強欲資本主義を正当化するかのごとく影響を与え、ロックフェラーやカーネギーなどはハーバート・スペンサーの社会進化論を信奉し、優生学といった進化論（evolution）崇拝の傾向がプロテスタント的理念を超えて信じられているように思われる。さらに近年ではフリードマンなどの経済学者の提唱した徹底した新自由主義の思想や経済理論がイギリスなども含めた西洋を中心に日本にも多大な影響を与えている。

◆◆◆ マルクス思想の誤り（弁証法的唯物論）◆◆◆

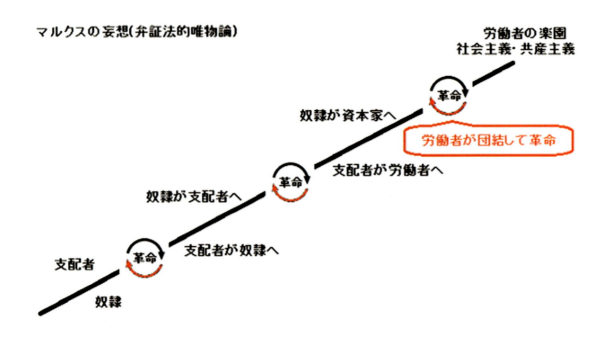

マルクスの弁証法的唯物論によると極少数の支配者（正）と大多数の被支配者（反）による階級同士の闘争によって大多数の被支配者（反）が支配者（正）を暴力的な革命によって打倒に成功し被支配者（反）が支配者（正）となり支配者（正）が被支配者（反）に転落して立場が逆転（回転：revolve）する事を繰り返しながら、最終的には社会主義・共産主義社会が到来すると予測したが、実際はこのような社会の発展法則は世界史の歴史展開の中に存在していない。マルクスは高度に発達した資本主義社会において貧富の差が拡大し大多数の貧しい労働者が団結して革命運動を起こし資本家を打倒する事によって社会主義・共産主義世界が実現すると説いたが世界初の社会主義国家ソビエトが誕生した経緯はマルクスの説いた予言とは異なり第一次世界大戦における物資と食糧不足によってロシア皇帝に対する不満から大衆運動が起こり専制制度が崩壊し、社会

主義国家ソビエトが誕生している。マルクスが予言した社会主義国の実現するまでの過程とは異なる経緯で社会主義国家ソビエトが誕生した事実からもマルクスの弁証法的唯物論は誤りである事を指摘する事が出来る。因みにマルクスの弁証法は正反合の合が無い為、正式には弁証法ではなく、現実に存在しない「正反逆転の法則」というものであった事も判る。

◆◆◆ 人物比較 ◆◆◆

イザヤ 65：1）わたしに尋ねようとしない者にもわたしは、尋ね出される者となりわたしを求めようとしない者にも見いだされる者となった。わたしの名を呼ばない民にもわたしはここにいる、ここにいると言った。
イザヤ 52：6）それゆえその日には、わたしが神であることを「見よ、ここにいる」と言う者であることを知るようになる。　＜見よ、ここにいる＝ Some here＞

same clothes(同じ服)
same hair(同じ髪型)

saint cross(聖なる十字架)
some here(ここにいる)

ヨハネの福音書 8：28）そこで、イエスは言われた。「あなたがたが人の子を上げてしまうと、

Stalin / Iron
スターリン　鉄の男

Starring / I Am
主役　私はある

シンクロニシティ －共時性－

その時、あなたがたは、わたしが何であるか／知るようになります。

illusion(幻想)/delusion(妄想)
empty(内面が空っぽ)
pretence(上辺を繕う)
mania(躁病)
Marshal(元帥)
dreamer(夢想家)
hell(地獄)

Zion(シオン)
entity(実在・実体)
presence(存在・ある)
anima(魂・生命)
Messiah(救世主)
dream one(理想の者)
help(助ける)

正解：神は言葉であり一番の主催者（ナンバーワンホスト）・主人公・中心の者（センター）である。
ヨエル４：17）あなたたちは知るようになる。わたしがあなたたちの神なる主でありわが聖なる山シオンに住む者であることを。

Idol   false/wrong
アイドル・偶像

Real No.1 host
ナンバーワンホスト

ヨハネの黙示録22：12）見よ、私はすぐに来る。（≒ I'll be back）
ヨハネの黙示録22：13）わたしはアルファであり、オメガである。最初であり、最後である。初めであり、終わりである。」
α＝第一の者・第一位の者・א（アーレフ）＝第一文字の者・始める者
Ω＝終わりの者・Ωの者（Ωの実体）・終止者（ターミネーター）

false/wrong
オウム真理教

True/Real Ω
Ωの実体・真理の者

ヨハネの福音書 16：11）＜Jesus said＞the ruler of this world has already been judged
訳）この世の支配者達は既に裁きを受けてしまっている。

false/wrong
偶像

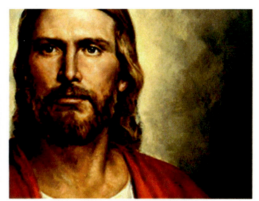
True/Real TERMINATOR
ターミネーター

Satan"Hasta la vista , baby."（See you in hell＝ 地獄で会おうぜベイビー）
実体無き左の False/wrong をそれだと信じた者は霊的死の制裁を受け、崇拝すれば悪魔に地獄に連れて行かれる運命が待っている。言葉とその実体である真をイメージによって倒錯させ偽を真に見せかけ認識・崇拝させるサタンのトリックである。真偽を倒錯して認識した者は偶像で真を裁いたり偶像を神・善の実体・真理・正義と認識し、偶像を中心とする幻想的世界観を抱くようになる。

◆◆◆ 現代の精神 A.D.2012〜 ◆◆◆

ルシファーと格闘するヤコブ

兄エサウ（エドム）と再会するヤコブ

ヤコブがヤボク川でルシファーと格闘、屈服せしめ兄エサウ（エドム）の住むカナンの地に帰還し、和解した事柄と年表において合致している。A.D.2012年のエドム精神はいわゆるネット右翼である。

マクロ精神分析

2014年現在の書店。右翼・愛国・嫌韓国・嫌中国といった本が2010年頃から顕著に書店に並ぶ光景を目にする。また若者を中心にネット右翼の著作、インターネットを使用しての情報発信活動も多く見受けられる。またこのような精神は病（ill）（個体精神分析参照）であり克服しない限り衰亡の運命を辿る事になる。この様な流行精神も年表の山羊の精神・エドムの精神と類似しておりリピートに見事に一致している。

◆◆◆カイン世界対真理－現代のコンセプト及び精神比較－◆◆◆

ヨハネの黙示録12：9）この巨大な竜、年を経た蛇、悪魔とかサタンとか呼ばれるもの、全人類を惑わす者は、投げ落とされた。地上に投げ落とされたのである。その使いたちも、もろともに投げ落とされた／悪魔は怒りに燃えて、お前たちのところへ降って行った。残された時が少ないのを知ったからである。

High flier Narcissus
(自己愛の野心家)
serpent(蛇)
paranoia(偏執病)

Fire fighter Moses
(消防士モーセ)
servant(僕)
pioneer(先駆者)

シンクロニシティ －共時性－

ヨハネの黙示録 12：10）わたしは、天で大きな声が次のように言うのを、聞いた。「今や、我々の神の救いと力と支配が現れた。神のメシアの権威が現れた。

テサロニケ 4：16）すなわち、合図の号令がかかり、大天使の声が聞こえて、神のラッパが鳴り響くと、主ご自身が天から降って来られます。

Trump(トランプ大統領)

Trumpet(トランペット・ラッパ)

ダニエル 12：1）その時、大天使長ミカエルが立つ。彼はお前の民の子らを守護する。

マルコの福音書 13：26）そのとき、人の子が大いなる力と栄光を帯びて雲に乗って来るのを、人々は見る。

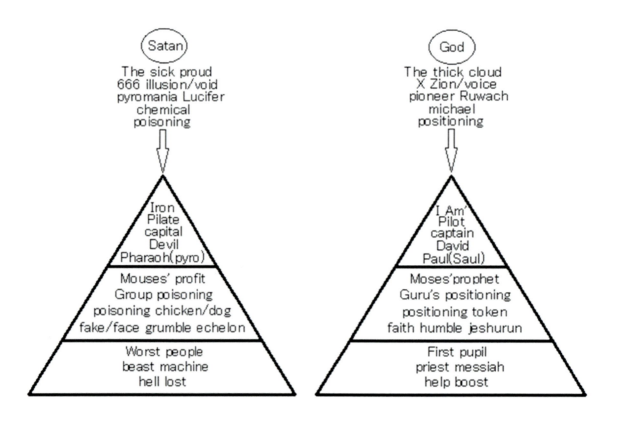

左はヨハネの黙示録で記述されている 666 すなわち獣（beast）[42] の時代及び世界であり背理・

---

42) 666 の意味は獣の他に悪魔・金・セックスの意味がある。

偽善・虚構（fiction）・幻想（illusion）・欺瞞の罪（sin）の自己中心の世界であり聖書的に言えば偶像崇拝である。現代における偶像は金・美貌・称号・有名崇拝から「一流」や「Sランク」といった等級ラベル崇拝である。この世界は良いor悪い又は勝ちor負けを競う俗悪で淫乱な獣欲主義者や拝金主義者の世界である。左のトップにあるIronはカイン精神（個体精神分析参照）を意味し、かつてのスターリンや鉄の規律を意味している。他にPilate（ピラト）・Capital（資本）・Pharaoh=pyro（ファラオ）・Devil（悪魔）が根底の精神であり悪魔的ゆえに外面だけは良い（cosmetic pierrot/kind devil）が内面は非常に冷酷な悪性自己愛の人間（serpent）がトップに立つ。その下の層のMouses' profit（ネズミ達の儲け）は恐怖症と強迫観念で回し車（hamster's wheel）の中を走り続けるネズミのラットレース[43]を意味している。目的よりも手段を愛する者達（comic pierrot/moron）が集まるため混乱（panic）を来しレミングスの自殺のように集団で滅びの穴に落ちる運命[44]が定められている。この世界では人格は無視され、人間を本質的平等の存在として見ず、賃金の平等など結果の平等を叫ぶ者達が集まり、共同体や組織における鉄の規律や思想を常識や道徳または真理・正義とする精神を持つ。また憎悪を原動力とし自己へ向けられる賞賛を欲して努力（effort）する闘争的（confront/contend）あるいは革命精神（revolution）を持つのも特徴である。偽りの仮面を被り（pretence/fake）素敵な自分を演じている者が多く自慢（boast）しあい思ってもない事を言い合って称賛に耽る世界であるが大多数の者の内心は軽蔑や敵意（animus）、嫌悪感といった毒々しい邪気で満たされている上辺だけの人間関係（fake）であり信頼関係はなく裏切りがつきまとう世界で互いに本心では関わりたくない面倒（bother）な狂信者・中毒者・悪魔（fiend）の集まりというのが実態である。この世界では慢性アルコール中毒で自己愛の野心家（high-flier Narcissus）に団結（band）させられ頻繁に開催される飲み会や馬鹿騒ぎ（exciting）などの集団中毒（Group poisoning）や内輪の依存（internal addiction）を伴う。エドム世界同様組織のポリシーに洗脳され（dub/instill）また飼育・調教・虐待される為、飼いならされて（tame）ロボット（robot）のようになり外面だけは上品（polite）になるが内面の人心は腐敗（rot）し無感覚（stupid）となり性格も歪んで卑劣・残忍な見苦しい人間になっていく。下層の者はハラスメント（harassment）等で常時不満が鬱積しており反抗的（protest）で毒吐き（grumble/complain）ばかりしているストレスの多い世界であり主人から見て糞野郎（shit/jackass）又は役に立つ馬鹿・間抜け共（useful idiot/jerks）[45]として利用されるが用が済めば、あるいは主人が気に入らなければ容赦なしに悪者（worse）とされ同時に組織の敵（enemy）となって捨てられる（abandon）事になる為、下層の者は捨てられないように、また最下層に堕ちないように主人と他者からどう思われているかという恐怖（dread）に怯えな

---

43) 働いても、働いても、一向に資産が貯まらない様子が、回し車の中で、クルクル回っているネズミに似ていることから定義されている。堂々巡り。企業における労働者間でのきりのない馬鹿げた競争。

44) 詩篇94:13

45) 良い活動をしていると無邪気に信じて実際にはそれと気付かずに悪事に加担している者。政治用語でもある。間抜けとして配下の者を扱うソ連のスターリンやナチスドイツ・ヒトラーの精神。

がら生きる事になるが組織の経済状態が悪くなった時や後から低コストで雇える人が入って来る場合に捨てられる運命にある。最下層の者とは今日ではニート・犯罪者・廃人などである。またこの世界は同じ服・同じ髪型のみならず同じような顔をした人達（share the same face）が集まったりする不気味な世界でもある。また教育においては知識をより多く詰め込んだほうが正義となる世界を作るが競争は崖に向かって走るチキンレースであり優秀な者も劣った者もチキン（chicken）のまま故に共に崖に落ちる事になる。すなわち神の導きが無い為に行き詰まって共に破滅的な運命（share the same fate）を辿る事になる[46]。神罰で人間が本能だけで生きるチンパンジー（chimpanzee）・情緒不安定な猿（monkey）・死ぬまで頑張る馬（horse）・臆病者（chicken）・目上に媚び諂う（behavior/briber）従順な飼い犬（dog）・かんしゃく持ちのハムスター（hamster）のようにされてしまっている畜生の世界でありこれは聖書の暗示にあるバベルの塔[47]（tower）でもある。魂は罰と呪いにより死滅して鉛（lead）の塊、または籾殻のような空（empty）にされており「命（楽しい思い）」が抜き取られている為何をやっても辛い・つまらない（futile）感覚に支配され、快楽は自己陶酔・心酔・性的快感のみとなる。また外見にこだわるマニア（mania）になり悪魔（satan）[48]と精神が同化し悪性自己愛やノイローゼ・ヒステリー・鬱病・躁鬱病など様々な精神疾患の天譴[49]が下っている。左のカイン世界の者達は燃え盛る鉄の炉（pyro）に投げ込まれて殺処分[50]される動物（animal）や焼却処分される毒麦に喩える事が出来、またどこに行くのか判らずいつ沈むか判らないさまよう[51]（wander）歓楽の船[52]、また滅びの山[53]に喩えられる。一方で右の精神は真理であり人間の本然の姿＝広大無辺な英雄（cosmic hero）、または罪から解放された信仰者（believer/student）の姿でもある。神の導き（positioning）により導師が神の啓示（revelation）を伝達する（Guru's positioning/lead）役割を持ち、様々な導きのしるし（token/sign）や秘跡（sacrament）が与えられ、乳と蜜の流れる肥沃（fertile）な土地へと導かれる。下層の者は同信を分かつ（share

---

[46] 創世記4：12

[47] 思い上がった自己意識と思想による団結で神から罰を受けて猿やチンパンジーのようにされる（創世記11章／タルムードBTサンヘ109a）

[48] Lucifer/reaper/serpent/Goat demon=Baphomet/Demon/Devil/jackal=fox/hyrax/racoon/goblin/monster/evil/joker/beastなど

[49] 第二の死　ヨハネの黙示録21：8

[50] 神は神の法を無視する無慈悲で残忍な者や神以外の者を神として崇拝する者に対して残忍な懲罰を科すのである（ヤコブ2：13／ペトロⅡ2：9～10）。この属性の者達は悪魔が差し出す生贄となっている為、かつて神は原爆・空襲・虐殺などで物理的に殺処分していたが現代は霊的な空襲による焼殺、または霊的な硫黄や毒を喰らわせたり（詩篇11：6／申命記32：24）霊を焼却炉や硫黄の燃える火の池・火の地獄に投げ込んで劫罰を与えている（詩篇21：10～11／マタイ5：22/13：40～42／ヨハネの黙示録19：20／20：10）。霊的な劫罰を与えるのは改心によって救われる可能性がある為（コリントⅠ3：11～15／5：5）前世紀のような爆弾による世界規模の破壊・死刑は少なくとも今のところ行われていない。死に至る罪を犯した者や改心の見込みの無い悪性の者に対しては霊的な死刑が行われている（ヨハネの黙示録19：21／ヨハネⅠ5：16）。

[51] ヨハネの福音書12：35

[52] イザヤ43：14

[53] エレミヤ51：25　バビロンは偶像の国を意味し、偶像を中心とする世界＝滅びの山である。

the same faith) いわばチーム（team）であり、様々な励まし（comfort）や神の臨在（entity/presence/existing）と生命（life/anima）が伴い、神の愛（eternal affection/love）や加護（umbrella/protect/wonder）・憐れみ（sympathy/mercy）・力（power/force/tonic）・豊かな恵み（afford/abundance/salem）や満足感（content/satisfaction）を与えられ、神（Yud）に従い（comply/righteous/humble）神の道を目指す精神である。右の真理はモーセ（fire fighter Moses）が十戒を授かったシナイ山[54]や油注がれた（pastor's oil）真理の王ダビデ（King David）が鉄の杖（rod）を持って即位（install）するいと高きシオンの山（Mt.Zion）[55]にイエスが最下層で中心人物（pivot/servant/minister）また友達（friend/brother）となり、殿（しんがり）で民を後援（boost/help）して民を光明に導く様子や精神的な救いの船（ship）や箱舟に喩えられる。

（コーラン36章42~44）われらは、彼らのために、船と同じように乗るものを造ってやった。われらは、気のむくままに彼らを溺死させることができる。そうなれば、彼らには一人の救助者とてないし、助けられるようなことはない。ただ、われらの慈悲によって、しばしのあいだ楽しんでいるだけのこと。

さまよい停滞し、沈む歓楽の船（左）と導かれる者達の救いの船（右）－ビジョンとコンセプト－

神は偶像崇拝者や背信者を歓楽の船[56]に乗せて沈める（左）といった形で罰しているのである。このコンセプトによって罰せられるとしばらく歓楽に耽る生活を送った後予期せぬ会社の業績悪化・リストラ・倒産・離婚・家庭崩壊・自殺等が現実に発生するのである。（コンセプトの意味は罠とトラブルによって停滞し破滅する/trap&trouble）人間はすべてこの霊的概念による神の支配下に存在しており裁きや罰に対してなされるがままの存在でもある[57]。バックグラウンド

---

54) 申命記 5：22
55) 詩篇 2：6~9
56) イザヤ 43：14
57) エレミヤ 18：6

で霊的概念を支配する神がマニピュレートすると精神疾患をはじめとする様々な病気をはじめ災いを被る羽目に陥るのである。一方で右は救いの船のコンセプトである。（コンセプトの意味は目的地に向かって前進/trip&travel）。

他にチキンレース・ラットレース・レミングスの自殺・空襲・焼却炉や硫黄の燃える火の池に投げ込む等の罰がある。この罰[58]は物理的に展開される場合と霊的な罰として展開される場合もあり現代の多くは後者である。神の庇護により罰を免れたり被害が無効化される事もある[59]。ビジョンは運命のイベントとして存在しており天界に存在しているが、天界ではイベントはファイル化されて静止しており地上で時間と共に展開する。イベントが地上で展開するとき神はリアルタイムに現象をマニピュレートする事もある。

---

58) 虚構による善・正義のでっち上げや幻想に対して破壊の刑罰が行われる
59) 出エジプト 11：7/12：23 / イザヤ 52：10〜12/58：8/ ダニエル３章 / ペテロⅡ 2：5/2：7

◆◆◆ 属性比較 ◆◆◆

666 Devil(ザコ)
Goblin(天邪鬼)
mania(躁病)
dysthymia(ディスチミア症候群)
rotten throng(腐った奴ら)
liar(嘘つき)

X David(油注がれたダビデ)
Gabriel(神の子孫)
anima(魂)
dogma(教義)
rod and throne(杖と玉座)
lyre(竪琴)

ペテロの手紙Ⅱ 3：3）終わりの日に、あざける者どもがやって来てあざけり、自分たちの欲望に従って生活し、次のように言うでしょう。「キリストの来臨の約束はどこにあるのか。父祖たちが眠った時からこのかた、何事も創造の初めからのままではないか。」

ペテロの手紙Ⅱ 3：7）しかし、今の天と地は、同じみことば（word/the same command）によって、火に焼かれるためにとっておかれ、不敬虔な者どものさばきと滅びとの日まで、保たれているのです。
ゼカリヤ 14：5）私の神、主がこられる。すべての聖徒たちも主とともに来る。

裁きは神自身が正義（無罪）の審判者として立ち、神を信じる者と信じない者を明確に区別する。真理を善とし、それに逆らう者を偽または悪としてサタンの手に渡し痛烈な懲罰を課すのである。サタンに取り憑かれた者はサタンの存在を認める事はなく、サタンの囲い込みに気づかず天罰を受けている事にも気づく事はない。罪人は自らが造って崇める偽なる偶像で自らの身を滅ぼす。さらに現代の罪人は自身を焼き滅ぼす焼却炉を造ってそこに飛び込んで自身を焼き滅ぼしているのである。

イザヤ 13：9）見よ、主の日が来る 残忍な、怒りと憤りの日が。大地を荒廃させそこから罪人を絶つために。
ゼパニヤ 3：8）主の御告げ わたしが証人として立つ日を待て。わたしは諸国の民を集め、もろもろの王国をかきあつめてさばき、わたしの憤りと燃える怒りをことごとく彼らに注ぐ。まことに、全地はわたしのねたみの火によって、焼き尽くされる。

シンクロニシティ －共時性－

Poisoning bottle(中毒のボトル)

Positioning bolt(導きの矢)

エレミヤ49：12）「わたしの怒りの杯を、飲まなくてもよい者すら飲まされるのに、お前が罰を受けずに済むだろうか。そうはいかない。必ず罰せられ、必ず飲まねばならない。

Cain(カイン)

Cane(杖)

詩篇55：22）彼の口は、バターよりもなめらかだが、その心には、戦いがある。彼のことばは、油よりも柔らかいが、それは抜き身の剣である。

Mouses' profit(ラットレース)
revolution(革命・回転)

Moses' prophet(モーセの預言者)
revelation(啓示)

マタイの福音書 25：41) 呪われた者ども、わたしから離れ去り、悪魔とその手下のために用意してある永遠の火に入れ。

Group poisoning(集団中毒)
Fiend(狂信者・中毒者・悪魔)

Guru's positioning(指導者の導き)
Friend(友達)

詩篇 75:9) 既に杯は主の御手にあり、調合された酒が泡だっています。主はこれを注がれます。この地の逆らう者は皆、それを飲みおりまで飲み干すでしょう。

シンクロニシティ －共時性－

Poisoning chicken / dog
（中毒のチキン野郎・浮気者）

Positioning token
（導きのしるし）

マラキ 3：18）そのとき、あなたたちはもう一度正しい人と神に逆らう人　神に仕える者と仕えない者との区別を見るであろう。

Share the same face
（同じ顔の共有）
pretence
（見せかけの自分）

Share the same faith
（同信を分かつ）
presence
（存在・ある）

詩篇28：5）彼らは、主のなさることもその御手のわざをも悟らないので、主は、彼らを打ちこわし、建て直さない。

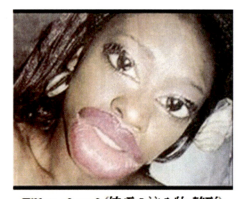
Filler of craft(技巧の注入物:整形)

Pillar of cloud(雲の柱)

ゼカリヤ14：9）主が地上をすべて治める王となられる。（真が偽を裁く / 真が偶像を裁き罰す

78

る / 真理＆正義（無罪）が偽善者と悪（evil/wrong）を裁き罰する）

Kind of echelon（梯団の類）

King of jeshurun（エシュルンの王）

マタイの福音書 13：40）だから、毒麦が集められて火で焼かれるように、世の終わりにもそうなるのだ。人の子は天使たちを遣わし、つまずきとなるものすべてと不法を行う者どもを自分の国から集めさせ、燃え盛る炉の中に投げ込ませるのである。彼らは、そこで泣きわめいて歯ぎしりするだろう。

マタイの福音書 13：51）あなたがたは、これらのことがみな分かったか？」弟子たちは、「わかりました」と言った。

シンクロニシティ －共時性－

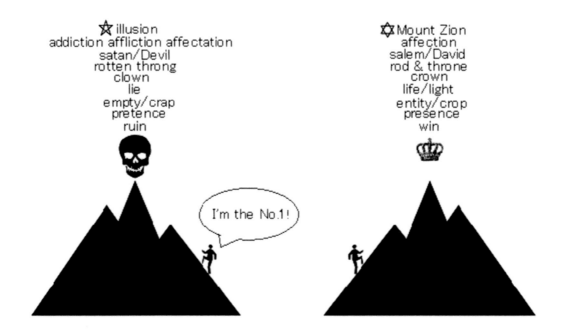

マタイの福音書 10：39）自分の命を得ようとする者は、それを失い、わたしのために命を失う者は、かえってそれ（life）を得る（win）のである。」

詩篇 132：17）わたしが油を注いだ者のために一つの灯（light）を備える。彼の敵には恥を衣としてまとわせる。栄冠（crown）はダビデ（David）の上に花咲くであろう。

テサロニケⅡ 1：8）その時、主は神を認めない者たちや、わたしたちの主イエスの福音に聞き従わない者たちに報復し、そして、彼らは主の御顔とその力の栄光から退けられて、永遠の滅び（ruin）に至る刑罰を受けるであろう。

ヨハネの黙示録 22：12）見よ、わたしはすぐに来る、私は報いを携えて来て、それぞれの行いに応じて報いる。

イザヤ 24：17～18）地に住む者よ、恐怖と穴と罠がお前に望む。恐怖の知らせを逃れた者は、穴に落ち込み穴から這い上がった者は、罠に捕らえられる。

エレミヤ 2：19）あなたの犯した悪が、あなたを懲らしめあなたの背信が、あなたを責めている。あなたが、わたしを畏れずあなたの神である主を捨てたことがいかに悪く、苦いことであるかを味わい知るがよいと万軍の主なる神は言われる。

裁きは真と偽（善悪二元）の裁きです。真と偽は同等ではなく、真が一方的に偽を裁いて懲罰を与えます。霊的には命・力が「ある」と「無い」に分けられます。真が「ある」で偽は「無い」

となる。偽に属する者は霊的に死んでおり、偽は上辺だけの見せかけで内面は嘘偽りの死の世界また地獄です。神はコンピューターの概念と同様のシステムを持っており人類を高い所からコマンドによって人間を支配しています。神の用意したシステムには永遠性があり命・愛・知恵が伴って人間を生かすものであるのに対し、罪を犯した人間はただの知識で構成される死滅した感情のない無機的また機械的なただのシステムの中に誘導されて悪魔のパペット（操り人形）また動作しているだけのピエロにされるようになっています。命を求めて努力しているにも関わらず命が抜き取られていたり得られていない状態で当てが外れて損している状態です。これは人間が罪を犯す事によって嵌められるようになっており自業自得と見る事ができます。これまでごく一部の人間を除き人類は見事に悪魔の罠に引っかかっており、このようなシステムの中での自己防衛また脱却が必要かと思われます。個体精神分析にて自己防衛・脱却する方法を提示しています。

◆◆◆ 総括と暴露（revelation/exposure）◆◆◆

左の精神はいわゆるカルトです。ギリシャ哲学は国家の為に死する事を是とし、戦中の国家神道も天皇や国の為に死する事を是とするためギリシャ哲学と同じ精神であり信仰してもただの自殺行動・自殺活動でありそのような事をしても正義や善は得られず心の救いはありません。また一般社会の常識とされるものを体現しても正義や善を得る事が出来ずただの動作でありそこに救いはありません。また学校教育も建前上は主体的な人間の育成や人格の陶冶を目的とした知識と制度が整えられますが実際は霊的なものが無くただの動作であるため、実態はただ集団を奴隷化して飼育するためのシステムと化しておりカルトに該当します。カルトはたいてい団結しているのでわかりにくいですが実際は幻想であり心の通いもなくたった一人だけの動作であり独り善がりの快楽で不健全・不健康な状態をもたらします。カルトが目指す善はすべて空理空論であり善は空っぽで実体はありません。一方で右の精神は信仰によって愛・友情など心の通いがある真の宗教です。実体があり心の救いなども実体として存在しています。世の人は真と偽を反転して認識している事が多く今なお実体無き偶像に騙されて命を損している人も多くいます。20世紀の歴史を振り返って第一次世界大戦・第二次世界大戦・共産主義・冷戦がもたらした戦争・紛争で数えきれないほど多くの人々が虐殺されています。これの原因はカルトの空理空論と偶像崇拝が原因で起こっている災厄です。神は一般的に想像されているよりも遥かに恐ろしい存在で20世紀は爆弾で左の者を罰しています。左の者達は自分達が崇高な物を信頼していて立派な事をしていると思い込んでいますが神から見て罪があり悪者の判定を受けており繁栄はおろか滅ぼされる対象者となっています。左の者達はとても良い人達に見えますが自分への愛や好感度を得るために善の仮面をかぶっているにすぎず、また社会的な評価が落ちる事を恐れて善人を装っているにすぎない人達で内面は悪魔で不良です。神は内面の悪性を罰するため、左の者達の今後は霊的に腐敗また破滅の状態で存在または滅びていくと思われます。今後も偶像崇拝をすれば人間は霊的に死をもたらしノイローゼを発症しそこから様々な問題が発生し続ける事になると思います。偶像を絶対的なものとしてまた神の如く崇めても実際は絶対的なものではなく神でもない故にそのようなものを崇拝する事をやめる必要があります。救いは真の神にしかありません。また愛・友情・

シンクロニシティ －共時性－

絆というものは真にしか存在せずこれまでの歴史で多くの人が愛・友情・絆を求めて構築した理論や、やってきた事に愛・友情・絆は無くただのジェスチャーに過ぎず一人で動作していただけに過ぎなかったというのが暴露です。2012年まで悪魔である竜が経済・芸能・宗教・教育・大手企業を支配しており神は地上の世俗的な指導者また教師・組織のトップに支配を委託していましたがやはり人間の支配は偽善かつ暴力的であったため今後は神の支配に切り替えていく動きが始まります。竜の支配は終わりましたが左の者達は悪魔に噛まれているためそのままでは地獄に堕ちていくことになると思いますので真理を学ぶ必要があるかと思います。

◆◆◆ 携挙について ◆◆◆

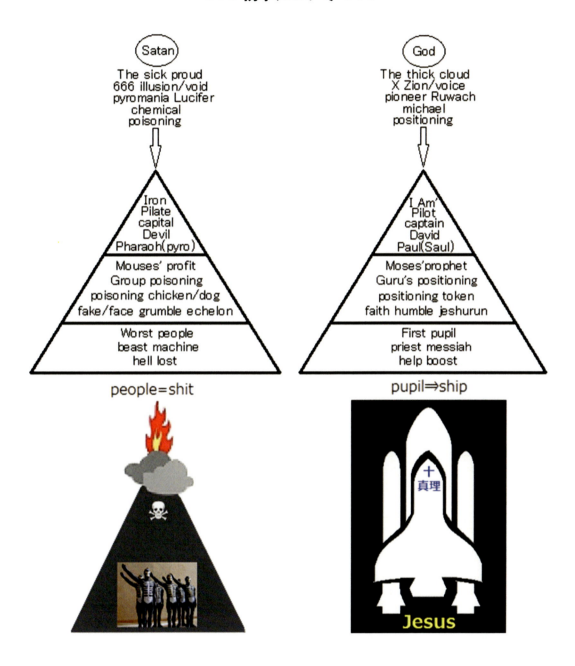

右は救いの船ですが現在ミカエル（michael）が天空の守護天使として地上の信仰者を救いの船に乗せて神の元へ誘導していく管制官の役割をしています。真理を把捉した時に霊が引き上げられて真理の王として即位しているイエスの霊と出会って一体化しますが真理の王の地位は信仰者に与えられてイエスは即座に救世主として信仰者の心を支える土台またブースターとしての役割を担います。この時に信仰者の霊は救いの船に乗せられて神（father God）の光の元へ向かいます。この様な事が霊的に行われます。現在始まっている携挙は霊的に体感できる時期に入っています。一方で左の人達は宇宙の始まりのビッグバンをイメージしている事が多く、単細胞生物から生物は進化したと考えておりまた弱肉強食の原理によって人間は進化すると思っている人達です。この様な仮説を信じて進化しようとしている人は神の救いに与る事が出来ずに畜生化していき滅ぶ運命にあります。

シンクロニシティ －共時性－

【参考】

ソクラテスの弁明
アリストテレス　政治学
アウグスティヌス　三位一体論 / 神の国
エラスムス　自由意志論
マルティン・ルター　奴隷意思論
カール・マルクス　弁証法的唯物論

【参考文献】

聖書　口語訳　日本聖書協会
聖書　新共同訳　和英対照日本聖書協会
聖書　新改訳　いのちのことば社
コーランI&II　藤本勝次　伴康哉　池田修　中央公論新社
世界を変えた10冊の本　池上彰　文藝春秋
やさしい経済学1・2　池上彰　日本
倫理教科書準拠（高校倫理参考書）
詳説世界史研究　改訂版　山川出版社
もういちど読む山川倫理　山川出版社
もういちど読む山川日本史　山川出版社
もういちど読む山川世界現代史　山川出版社

3. 個体精神分析

◆◆◆ 精神を神と人間の関係から捉える ◆◆◆

精神の定義は様々であるが神学では霊（spirit）や命（soul/life）といった言葉で捉えられており、本論においても精神を科学や精神医学等の脳という物質的なものから発生したものとして捉えず、また脳のフィジカルな働きがもたらす現象として捉える事もしない。すなわち精神をそのようなものから独立している不可視的な霊（spirit）と生命（soul/life）との統合として捉え、それらの不可視的存在を原因として脳に働きかけ、脳が持つメカニカルな機能との相互関係により様々な人間の活動がなされるという見方でその存在を捉えている。また霊故に時間や空間といった時空に束縛されずに存在するものとし、その不可視的であるが原因としての実在を証する為に実効性を伴う性質を言葉とその言葉が意味する概念によってあらわし、結果として起こる物理次元での実態及び実体をも示す事により存在を明証する形を取っている。個体精神分析においては個体精神を神学的に捉えている為、神を始原として派生したものを人間の本然の精神とし、またその本然から離れた状態のものを病と定義している。またこれらの病に対し"回帰する"やFix(元の状態に修正する・戻す）という概念で回復させる方法をも提示している。

◆◆◆ 人間について ◆◆◆

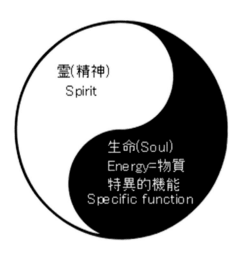

神は言われた。「我々にかたどり、我々に似せて、人を造ろう - 神はご自分にかたどって人を創造された。(創世記 1:26~27)という記述から人間は神によって創造されたものと聖書は語る。またイザヤ 57 章 16 節には「霊はわたしから出、いのちの息はわたしがつくったからだ。」と記述されており"霊"と"いのちの息"はそれぞれ別のものとして聖書では記述されている。霊は spirit を意味し、いのちの息はエネルギーを持つ"生命"を意味する soul/life と解釈できる。人間には霊と生命力を持つ体という二つの調和によってバランスが保たれている。精神的なものが肉体に変化を起こし、また肉体的な変化及びそれに物質的変革を加える事により精神にも影響を及ぼすという相関関係によって人体が成り立ちまたバイオバランスが保たれている。下図の二つの要素である霊と物質、物質の根源であるエネルギーが調和され、統一された存在であると判る。人体における器官を構成している物質は特異的機能（生理機能）を備えておりそれぞれの器官は生命の維持を目的としたメカニカルな機能を果たしている。

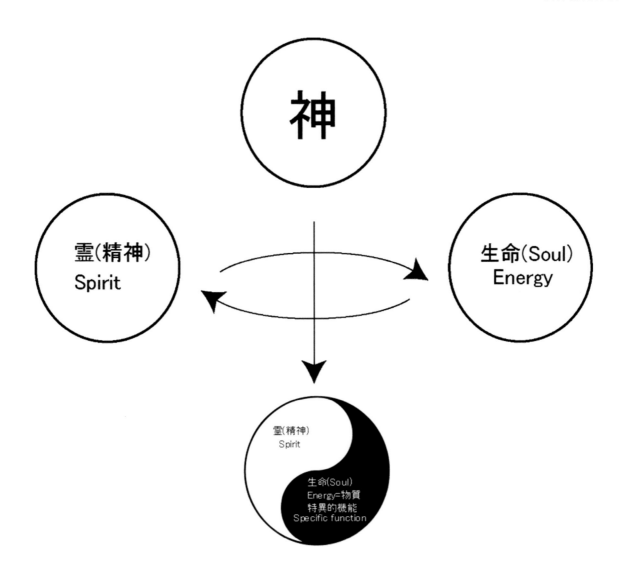

そしてこのような存在の原因となるもの、これらの霊とエネルギーを持つ生命の統一体としての存在が神である。

シンクロニシティ －共時性－

◆◆◆ 創世記のストーリーには精神と生命の事が暗示されている ◆◆◆

アダムとエバは神の似姿に創造され、命の息を吹き込まれて生きた者となった（創世記２：７）後、エデンの園で暮らしていた事が聖書の創世記に記録されている。しかし創造されて間もなく二人は蛇に唆され善悪を知る木の実を取って食べた為、神から楽園を追放される事になり、また息子のカインがアベルを殺害した事を発端として神から罰と呪いを受け、その末裔である人類は様々な苦しみを背負う事となった。この創世記のストーリーから容易に判る事はアダムすなわち人は本然の姿を喪失してしまい、神から背いた事がその苦しみの根本原因であるという事が判る。殊に精神においては外見上何を喪失したのか直接見えない為、聖書にある言葉を手がかり（ヨハネの福音書１：１～３／コリントＩ　１４：１０）として具体的に何を喪失し、また本然から反れてどのように変えられてしまったのかを追求していく事にする。

まず第一にエデンの園には"命の木"と"善悪を知る木の実"の二種類を神は生えさせられた（創世記２:９）。とある。その後主なる神は人をエデンの園に連れて行き、園の地の開拓者(pioneer)としてこの地を守らせ、人に「あなたは園のどの木からでも心のままに取って食べてよろしい。しかし善悪を知る木からは取って食べてはならない。それを取って食べると、きっと死ぬであろう」。（創世記２：１６～１７）と忠告している。そしてアダムを助ける者としてエバ（命）を創造した。二人がエデンの園に居た頃は裸であったが二人とも恥ずかしいとは思わなかった（創世記２：２５）とあり、また二人は神の忠告である善悪を知る木の実から取って食べると死ぬ事を知っていたがそこに居た蛇にそそのかされた。

創世記３章４節～）へびは女に言った、「あなたがたは決して死ぬことはないでしょう。それを食べると、あなたがたの目が開け、神のように善悪を知る者となることを、神は知っておられるのです」。女がその木を見ると、それは食べるに良く、目には美しく、賢くなるには好ましいと思われたから、その実を取って食べ、また共にいた夫にも与えたので、彼も食べた。

二人は食べてしまった（創世記３:６）とある。そして食べた直後の様子は以下のように記述されている。

すると、ふたりの目が開け、自分たちの裸であることがわかったので、いちじくの葉をつづり合わせて、腰に巻いた。（創世記３：７）

さらにその後、神が二人のところに近づき、それを察知した二人の様子が描かれている。

創世記３章８節～）彼らは、日の涼しい風の吹くころ、園の中に主なる神の歩まれる音を聞いた。そこで、人とその妻は主なる神の顔を避けて、園の木の間に身を隠した。主なる神は人に呼びかけて言われた、「あなたはどこにいるのか」。彼は答えた「園の中であなたの歩まれる音を聞き、

わたしは裸だったので、恐れて身を隠したのです」。神は言われた、「あなたが裸であるのを、だれが知らせたのか。食べるなと命じておいた木から、あなたは取って食べたのか」。

この後アダムとエバは神に蛇が騙したといいわけをするが聞き入れられずに罰を受けることになる。夫婦の関係は夫が妻を抑圧支配するような関係になり、女は出産の苦しみを大いに増す事となった。さらに人は一生苦しんで呪われた地から食物を得るようになるという苦難の運命を背負わされた。その後アダムとエバすなわち人はエデンの園を追放される事となるがその後に神は

見よ、人はわれわれのひとりのようになり、善悪を知るものとなった。彼は手を伸べ、命の木からも取って食べ、永久に生きるかもしれない」。（創世記３：22）

と言って人に皮の衣を着せエデンの園から人を追放し、命の木の道を守る為にエデンの園の東に、ケルビムと、回る炎の剣とを置いた（創世記３：24）とある。果たしてこの話は何を意味しているのだろうかという事について、またエデンの園に居た頃と追放されてからどのような変化が起こったのかについて具体的に解説していく。

まず善悪を知る木の実とは文字通り"善悪を知る"だけであり、またそれを食べると死んでしまうと言われたのは"思えなくなる"という事を意味している。善悪を知るには知るが思えなくなるという点で神は死ぬ（lifeを喪失する）と忠告しているのである。最初に木の実は良いなと思ったが食べた結果良いと思えなくなったのである。神＝命＝真理＝善から善が木の実という食べると賢くなりそうな偶像に向けられた事で善が空っぽ（empty）になり、善の霊的実体を喪失したという事である。また善悪を知る木の実（Gives knowledge of what is good and what is bad）すなわち何が良い（what is good）もので何が悪い（what is bad）ものかというgoodとbadというのは物事の良し悪しの事であり何が正しくて（what is right）何が間違っているか（What is wrong）という意味とは本質的に違うものを意味している。この様な物の良し悪しについては人によって評価が異なる不確かなものであり、またその物に良い（good）としても悪い（bad）可能性が否定できず、悪い（bad）と判定しても良い（good）可能性が否定できないようなもので、どちらかの判定（judge）をすれば虚偽（false/lie）・間違い（false=wrong）となるもので、普遍性と永遠性（eternity）が無く価値が不確かな謎の物（enigma）を意味している。つまり虚偽（false/lie）のものに手を染めてしまったという意味である。

すると、ふたりの目が開け、自分たちの裸であることがわかったので、いちじくの葉をつづり合わせて、腰に巻いた。（創世記３：７）

食べた事によって善悪を知り賢く（アルム：ヘブライ語）なったと思い込んだ直後に二人は裸である（エロム：ヘブライ語）事に気づき、いちじくの葉で腰を隠したとある。これは犯した

シンクロニシティ －共時性－

罪、偽りが心に入り込んできたにも関わらずそれが無かったかのごとく神の臨在（presence/entity/existing regulator）しているエデンの精神を装った（pretence）という意味に解釈できる。神の愛（Zion）と対極を為す概念で自己愛や自慰といった意味を含むマスターベーション（Masturbation）をしてしまった事による漏出（leak）で興奮と悔恨の念（exciting & regret）が入り込み、神の言いつけに背いた事をしたにも関わらず誤魔化そうとしてエデンの葉（leaf）で腰を隠したのである。そして神から死んでしまうと言われた善悪を知る木の実を食べて死に至ったアダムとエバすなわち人にどのような変化が起こったのだろうかという事については、次の神の宣告から判る。

創世記３：17～）地はあなたのためにのろわれ、あなたは一生、苦しんで地から食物を取る。地はあなたのために、いばらとあざみとを生じ、あなたは野の草を食べるであろう。
創世記３：19）あなたは顔に汗してパンを食べ、ついに土に帰る、あなたは土から取られたのだから。あなたは、ちりだから、ちりに帰る。

アダムとエバは創造されてから命の息＝生命（soul）を吹き込まれた事によって生きた者、命（life）ある者となった。しかし上の一文からあなたはただの塵に過ぎず、塵に帰るという神の宣告があった。この塵や土というのは"soil"である。soulという生命を失いただの土（soil）になってしまった。この事は霊的な生命が吹き消された事を意味している。つまりこの時に属性が変えられてしまったのである。この事により魂（anima）を失って死に、（箴言８：36）人は善悪に拘るマニア（mania）になってしまった。また神の足音を聞いた時に二人は恐れた（dread）事から恐怖症・強迫観念・神経症（neurosis）＝鬱病・躁鬱病・躁病（mania）から来る万能感と気分障害・ディスチミア症候群・依存症（addiction）・パニック障害（panic）などの病（ill）が発生したと考えられるのである。Masturbationからナルシシズム・自己愛性人格障害の問題を抱え、また存在（entity）する神（≒Hero/holiness）から離れてドラマチック（dramatic）なラブロマンスや空想（image）・サディズム・マゾヒズムの性愛（eros）・褒め言葉等の実体無き空文句（Empty word/useless word）・幻想（illusion）を信じるようになり、また高慢（haughtiness）にもなって自身が神になろうとする心を生来持つようになってしまい神を賛美する英雄主義（heroism）（詩編102：19）から離れ、自身が神の位置に立つ自己中心すなわち利己主義（egoism）へと堕落した。アダムとエバの二人はサタンでもある蛇（serpent）の言う事を聞いた為に人はサタンと不倫関係（immorality）となって精神に毒と憎悪が入りまた嘘（lie）や偽善を愛するようになって性的な堕落（corrupt）も同時に齎された。そしてその後、

創世記３：22）「見よ、人はわれわれのひとりのようになり、善悪を知るものとなった、彼は手を伸べ、命の木からも取って食べ、永久に生きるかもしれない」。

神から離れた事により人の精神は神の精神から脱臼・混乱（dislocate/panic）が生じ愛（affection/zion）と良心を喪失した為にエデンから追い出されて様々なものを失って倒錯した

感覚が入り込んでしまい、その事で生きる事に苦しみ (affliction) を伴うものとなってしまったが神はこれに対し、善悪を知る事それ自体は神も同じである事を述べている。善悪を知るのみで被造物や世界の事物それ自体に不変的な価値を見出せない事は異常や問題ではなく、真実といった本質から目を背けて善悪しか関心を持たないマニア (mania) になり、喪失する善の飽くなき追求や物事に耽る事 (addiction) に問題を抱えるようになった事、また善と悪の識別作用から自分の好みによって善悪を決め付けて物事や人を不当に裁く誤りを無意識のうちに犯す罪 (wrong/guilt) を背負った事が問題になったものと思われる。様々な罪悪を抱える事となったがこれに対して神は命の木からも取って食べ、永久に生きるかもしれないという復活のヒントを述べている。命の木の実を食べる事によって人は救われるという意味であるがこの「命の木」とは箴言にも登場する。箴言11章30節　正しい者の結ぶ実は命の木である　訳) The fruit of the righteous is a tree of life. つまり righteous という単語が示す "実直・誠実" という事が命の木であるという意味である。また「命の木」は「善悪を知る木の実」＝虚偽 (lie) のサタンとは反対の側を意味する為、命の木は「神自身」をも意味している事がわかり、虚偽の反対である "真理" を意味しておりその真理の中に命 (life) があるものと解釈する事が可能である。また「永久に生きるかも知れない」。という文において、人は善悪を知る木の実を食べた事によって不道徳 (immorality) が入り込み、神から罰を受け「不変性を欠き死ぬ存在」となったが、命の木の実はその反対の概念を意味する「不滅」を意味しており該当する単語は immortality である。不変性の無い虚偽を愛して死に渡され不道徳 (immorality) に陥った人間が不変性のある真理に目覚めて生きることを「永久に生きるかもしれない」と神は述べている事が判るのである。

＜真理とは＞真理とは本当 (true) を意味する。また本当且つ正しく不変であり普遍性のあるものすなわち神である。神は全ての物事の始めであり全世界の審判者として存在し（歴代誌上16：14/29：11〜12）、宣言・宣告・成文法・神の法と人間への教え、そして正義（無罪）の神を中心とする秩序を持つ。真理は不滅的な善 (good) の実体であり全人類にとっての命・福利として存在する。

＜エデンの蛇＝サタンの策略＞真理は審判者である神に属しており（箴言29：26）サタンはこれを持たない為、神の法を使って人を裁き、死の運命と地獄へ道連れにしようとするのである。また無神論者にして神に歯向かわせて神に殺させる事もする。具体的にはサタンは人間を煽てて神の位置に立たせたり（神からの判定＝false/wrong）、技巧によって霊的実体無き死物を絶対的な物に見せかけて神ならぬ者を神と認識させ、それを崇拝させて偶像崇拝者 (false God ≠ God) や個人崇拝の信者に仕立て上げたりする事で神から霊的死の制裁を受けさせるのである（または思想や綱領、遵守しても何の得もない行動指針・ポリシーを用いて真理（神の法と道徳・秩序）のすり替えをする事で命を喪失させる）。また善悪の虚偽 (good and bad=false) を用いて法を作り、それを真理の法と裁き (right and wrong) に見せかけて善悪の虚偽で不当に人を裁かせ巧みに神の法に抵触させる事で神から罰を受けさせるのである。サタンは外見的に天

国にあるものとそっくりな偶像を用いて背理の世界を作る為、地上の人間の多くは霊的死の状態に置かれている。霊的死の状態に置かれていれば物事の真偽を確認しなくなったり見た目の善悪（good and bad）すなわち独善で真偽を判断するようになる。サタンは偶像とイメージ・幻によって人を欺き、人間をじわじわと地獄に引っ張っていく。

天皇(朕)＝偶像＝偽(false emperor)
教育勅語(独善)

真(True emperor)
神の言(真理)

偽は荘厳に見える建造物や豪華な装飾品によっていかにもそれらしく見せかけているに過ぎず、人間は目に見えるそれらしさに欺かれているが神ではない為、神からは偽（false）・間違い（wrong）の判定が下りており神・天皇の実体が抜き取られて霊的死の制裁を受けているのである。偶像は多くの人々から良い（good）と支持されたとしても実際は良いかどうか判らず謎（enigma）また悪い（bad）かもしれない可能性を秘めている為、真とする事は出来ずに偽（false）となる為、偶像は偽善そのものとなる。偽の善である偶像は全人類にとっての善＝真理とはならない為、全人類にとっての福利ともなり得ない。偶像は統治の為に崇拝者に死を求める背理を起こし、神や王とされながらも自ら率先して闘う事もなければ人類に命を与える事もしない。偶像が権力を持つ国は聖書の中でバビロンとして登場しており統治は滅ぶ運命また真理すなわち神に滅ぼされる運命が預言されている（イザヤ21章/47章/エレミヤ50～51章/ヨハネの黙示録18章）。サタンは偶像すなわち偽善によって背理・虚構を作って神に破壊させるが、人類はサタンのこのやり方によって何度も殺されている状態が続いている。今尚紛らわしい者が跳梁跋扈している状況が続いているが救世主や神と呼ばれる者は人間そのものではなく真理そのものすなわち神の御言葉（法と教え）そのものである（ヨハネの福音書1：1～2/14：6）。その法と教えを知り、戒めを遵守する事で不滅的な善（命）が神から与えられるのであるが（申命記32：46～47/ヤコブの手紙1：21）、一方で個人に向けて万歳する個人崇拝は偶像崇拝でありその様な事をいくら熱心にしても偶像から不滅的な善（命）が与えられる事もなければ救われる事もない。本物は真理すなわち神の御言葉（法と教え）そのものである為、法と教えに万歳したり神格の無い人間そのものを救世主にして万歳するような事は一切起こらないのである。救世主は神であり、神は初めから救世主であり、真理である故に後に救世主ではなくなる事もなく、変わる事が無い。

マタイによる福音書 24：28) 死体のある所には、はげ鷹が集まるものだ。
20世紀の大日本帝国時代の天皇陛下をはじめナチスドイツのヒトラーやソ連のスターリン、中華人民共和国の毛沢東や朝鮮民主主義人民共和国の金日成・金正日またカルトの教祖や芸能人のようなアイドルの事を死体と言っており、それに群がって万歳を叫ぶ者達やファンをはげ鷹、すなわち霊的死を起こした狂信者達が集まるという意味である。共に霊的死を起こしているのである。これらの独裁者は見事に神の法と十戒を始めとする真理の教えを思想や独善の教えにすり替えて支配していたが背後にサタンが居た事に気づいていなかったのである。

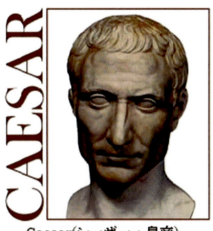
Caesar(シーザー・皇帝)
偶像＝偽

Jesus(ジーザス)
真の王・真の皇帝

シーザーとジーザスの比較であるが、王や皇帝の資格は虚偽や罪があっては務まらず真理と神格が必要であり、正義すなわち無罪が伴っていなければ神失格また神の子失格、王（king）・王子（prince）・天孫，天皇，皇帝を意味するエンペラー（emperor）としての資格をも喪失する。その為罪人である地上の人間が神として崇拝される事はただの偶像崇拝となり、それはすなわち虚偽崇拝となる。本物であれば崇拝は真理すなわち神の御言葉（法と教え）を伝えた者では無く与えた天の神・真理そのものである神に対して行われる為、熱狂的なファンが万歳したり熱烈なファンの追っかけが現れる事はありえないのである。神は完全無欠の神格を自慢して人類に称賛を求めているのではなく、神格のある救世主イエスの代理贖罪によって地上の罪人に無罪＝正義（義）を与え、このような真理の王・皇帝の位格をも個人の心に与えて虚偽から来る苦しみから引き揚げて真の救いに与らせているのである（ルカ22：29／コリントⅠ4：8／コリントⅡ5：20～21）。天皇・皇帝を意味するエンペラー（emperor）というものは偶像・イメージによって倒錯されていたり天国にある本物を模倣されている為、真偽を見分けるのに非常に困難な状況が続いているが本物は真理そのものすなわち神の御言葉（法と教え）そのものであり、崇拝の対象が無罪を与える事の出来る神に向けられているものこそが真であり内容が虚妄または党派性があり崇拝の対象が人間や真理を持たない偶像に向けられているものは偽であり真偽の判別は可能である。罪人が救世主の神から無罪＝正義（義）を与えられ尚且つ真理すなわち神の法と教えの遵守が伴うと霊の位格は真の皇帝（emperor=king of kings）となる。無罪を与えられて真の皇帝となった者は無罪ゆえに神に裁かれる事が無く霊的に神格を与えられる為、真そのものは

シンクロニシティ －共時性－

神ではないが神と一体化する為（コリントⅠ6：17）、神の裁きを見る事が出来るようになり（エフェソ2：6 / 箴言20：8）、時として裁き主となって偽を裁く事も可能となる（コリントⅠ5：3~5/6：2~3）。また真は神の御言葉を伝える神の代理人 Lord of Lords にもなる（歴代誌上28：9）。これまでに救世主の神から無罪＝（正義・義）を得、かつ神の裁きが見えており、神と共に偽を裁いて懲罰を与え、真理すなわち神の御言葉を伝道した真の皇帝として該当する人物はパウロである。パウロは物理的な武力において極めて貧弱であったものの霊的次元においては偽なる悪人を裁き懲罰を与える事が出来る力を神から与えられていた（テモテⅠ1：20 / 使徒言行録13：9~11）真の皇帝である。パウロは神・神の子・天皇・皇帝イエスに対して将軍にもなる（コリントⅡ10：3~6）。イエスは救世主としての役割を果たし、皇帝や将軍の地位はパウロに委ねられているのである。パウロは将軍として真理から逸れた信仰者を破門したり背信者の霊を裁いて懲罰を与える事をしていたのである。

テモテへの手紙Ⅱ4:8）パウロ「今や、義の栄冠を受けるばかりです。正しい審判者である主が、かの日にそれをわたしに授けてくださるのです。しかし、わたしだけでなく、主が来られるのをひたすら待ち望む人には、だれにでも授けてくださいます。」

この様にして真と偽は見分ける事が出来るのである。真がパウロでシーザーや当時の皇帝ネロは偽となる。パウロは自らを弟子の意味を含む神の使徒（apostle）と言っているが実際は神に教えを受ける神の弟子（disciple）ではなく神に準ずる者であり神の権威をもって神の詔（みことのり）[60]・神の意志を教える神の使者・伝達者・大使・宣教師・教師（フィレモン9 / テモテへⅡ1：11 / 使徒言行録14：10~12）として神に選ばれた真の皇帝であるが、パウロのみならず

---

[60] イエスの代理贖罪によって信じる者に無罪（正義・義）が与えられるようになり律法は廃止されたとパウロは神の詔を伝えた。これの意味は律法の動物犠牲・生贄と割礼及び厳格な食物規定が廃止されたという事であり律法の神の法と教えまで廃止されたという意味ではない（ヘブライ10：1~2/9：10 / コリントⅠ7：19）。人間の罪を動物が代わりに贖う事は本来不可能であり、また罪人の状態に陥った人間が律法を遵守するだけでは罪を持ったままであるため無罪（正義・義）の人になる事が出来なかった故に動物ではないイエスの代理贖罪が必要であった。パウロはこの事を神が成し遂げた事を告げ知らせる為に選ばれた真の皇帝・神の使者・伝達者・大使・宣教師・教師である。皇帝の詔である為、命令が多く含まれる（コリントⅠ7：10/7：17 / テサロニケⅠ05：27 / テサロニケⅡ3：6/3：12 / テモテⅠ5：21/6：13 / テモテⅡ4：1）

真の皇帝位（emperor position）の栄冠はだれでも授かる事が出来る為、既に説明した条件すなわち無罪に真理が伴えば罪人が真の皇帝に変身して神に裁きを見せてもらう事が出来、真理すなわち神の御言葉（教え）を伝える神の代理人にもなれる。神が詔（みことのり）・神の意志を教える神の使者・伝達者・大使・宣教師・教師として真の皇帝に選ぶ者は「パウロ」などの名前で決めている。同様に救世主は「イエス」という名前以外に与えられていない為（使徒言行録 4：10~12）、別の名前の者が神・救世主の代理人 Lord of Lords になれたとしても神・救世主そのものになる事は絶対出来ないのである。救世主は神が指名するのであり人気者だからという理由で人間が他の人物を救世主に選ぶ事は一切できない（ヘブライ 5：4~6）。ヨハネの黙示録 19 章 11 節に登場する「誠実」「真実な者」が現れると記述にあるが、これが著者 Honest である。著者は神自身・イエス自身・救世主自身ではなく、Honest が神の裁き、神・イエス・救世主がしている事について明証する証人でありシンクロニシティ・マクロ精神分析・本論にて神の裁きを出している。

＜偶像崇拝とは＞偶像とは仏像・塑像・彫像・建造物などをはじめ組織のシンボルや一流・S ランク等といったラベル・称号・金・思想・哲学・難問・アニメや CG のキャラクター等の容姿を崇拝する事である。またスーパースター・歌手・映画俳優・芸能人などの人間が演じるイメージ崇拝も偶像崇拝とみなされる。偶像それ自体は神からは虚名やガラクタ同然の死物と見なされる（ハバクク 2：19 / エレミヤ 51：17~18）為、崇拝すれば神からの祝福と命を喪失して自己陶酔や多幸症・躁病を発症する。また精神は悪魔と地獄と繋がる為（コリント I 10：20）、サタンによって巧みに死の運命を辿らされる羽目に陥る。偶像の価値は不確かであり善の評価をしたとたんに疑惑・虚偽・謎が発生し、評価を崇拝すれば真理からそれてしまうため、霊的死の状態に陥る。具体的にはノイローゼを起こして情緒不安定になり苦しむようになる。実在＝真＝在る＝命（生）から偶像＝偽＝無い＝死となる為、偶像崇拝者は霊的死の状態に陥る。

◆◆◆ 罪に対して神の罰は言葉によって行われる ◆◆◆

エレミヤ 23：33) もし、この民が－預言者であれ祭司であれ－あなたに、「主の託宣（マッサ）とは何か」と問うならば、彼らに、「お前達こそ重荷（マッサ）だ。わたしはお前たちを投げ捨てる、と主は言われる」と答えるがよい。

マッサとは託宣＝神の言＝Lord、後者のマッサは"重荷"（load）である。虚偽を愛し、虚偽で人を裁く事によって精神や霊に罰が科せられるのである。

Burden of the load
重荷の負担

Garden of the Lord
主の庭

イザヤ 43：22) しかし、ヤコブよ、あなたはわたしを呼ばずイスラエルよ、あなたはわたし（Lord）を重荷（load）とした。＜辞書：load＝精神上の重荷・苦労・心労＞

エデン（pleasure/garden of the Lord）から追放されたアダム（Adam）はエドム（Edom）となり重荷（pressure/burden of the load）を背負う事となった[61]。真理＝善（命）と正義（無罪）のアダムに虚偽と罪（sin）が入り込み霊的死と罰を受ける事となった。

また神の言から離れて罪を犯す事で他にも次の事柄が起こっている。

イザヤ 5：7) イスラエルの家は万軍の主のぶどう畑　主が楽しんで植えられたのはユダの人々。主は裁き（ミシュパト）を待っておられたのに見よ、流血（ミスパハ）。正義（ツェダカ）を待っておられたのに見よ、叫喚（ツェアカ）。

イザヤ 29：2) そのとき、わたしはアリエルを苦しめる。アリエルは嘆きと、ため息が望み祭壇の炉（アリエル）のようになる。

---

61) 魂が空にされたり心窩部が鉛のように重く感じる鉛様麻痺を伴う事がある。感覚としては苦痛・虚無・倦怠感・混乱・落ち込み等の症状が出る。

ミカ書 1:14）イスラエルの王たちにとってアクジブの家々は、水がなくて人を欺く（アクザブ）となった。

神の戒めから離れることにより神の言葉の属性が変わって精神上の重荷・苦労・心労のみならず不幸の実態が実現してしまうという例である。これらは運命をも関係しており、命の道から反れて死の道を歩むという事である。

ヨハネの福音書 16：11）The prince of this world now stands condemned 訳）この世の君は今咎められる位置に立っている。

エレミヤ 17：5）The LORD says, "I will condemn those who turn away from me and put their trust in human beings 訳）神から離れ、人間を信頼するものを私は咎める。

◆◆◆ エドムと真理の比較 ◆◆◆

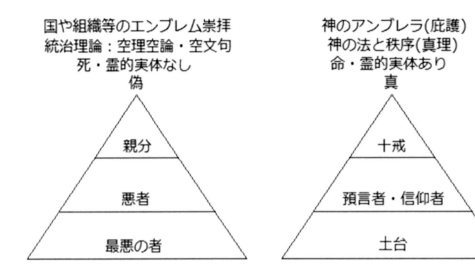

右は真理すなわち神が審判者であり、また神の法秩序（十戒を始めとする律法と信仰・土台はキリスト信仰を意味）の中に霊的実体の命が存在している（申命記32：46〜47）のに対し、左のエドムは審判者が人間の親分（boss）となって神の法秩序に抵触している（箴言29：26）為、霊的実体の命が無く、ノイローゼ・苦痛・虚無感・倦怠感・混乱を伴う死の世界となっている。エドム世界は親分が善（good）＝正義となり[62]下層の者が悪者となり最下層の者が最悪の者となる世界であり問題が起こった時、上層の者が加害者であっても下層の者が加害者となり上層の者が被害者となって加害者と被害者の反転が頻繁に起こる世界である。また詐欺・不正経理・脱税・横領等が起こりやすく事件となった時は下層の者が上層の者に代わって責任を取らされる事もあり悪を行った上層の当事者を正義（無罪）にする工作を行い事実が隠蔽されて常に嘘を表に出す邪悪な闇の世界でもある。エドム世界は外面で善良な組織である事を外見でアピールして社会に安心感を与えた上で悪事に耽る。悪魔は人間に罪をさんざん犯させた上で地獄に道連れにしようとするがこの悪魔の罠に人間は気づかず悪事は逃げおおせると思って得意になっている者が多い。世の中を上手く騙せていると思い込んでいる自分達が悪魔に騙されている事に気づいていないのである。このような人々を神はしばらく猶予している事が多いが時期が到来すればエドムを破壊・荒廃・倒産させ人間に懲罰を与える（エレミヤ49：8〜18／コーラン

---

[62] 偶像の世界は良い物・良い者を正義にしようとするが正義の定義は無罪であり、善(good)＝正義とはならない。良い者・良い物を裁きの基準にするこの世界の裁きは不公平かつ不当な裁きまたデタラメとなり事実上親分の恐怖政治が行われる事になり下層の者は不当な扱いまた多大な不利益を被る羽目に陥る。下層の者は親分(boss)に尽くすが親分には金儲けや自分が支配している領土拡大などの目的がある為、親分にとって下層の者は目的とならず、目的を達成する為の手段となって利用される事になる。エドム世界では親分から恵まれる事はなく、下層の者が親分を恵むという背理を起こす。真理では神から下層の者に恵みが人間が獲得するものは自力で獲得しているのではなく、神から恵まれているという正しい意識を持つ（申命記8：17〜18）。エドムは会社組織など主に利益追求のシステムとして採用されているが真理のように互いを目的とする事は無く、目的が金銭や領土拡大である為、愛も存在しない。それらのものがいかにもありそうに見せかけて人間の心を欺いて利用するのが背理のエドムである。利益追求システムの長が神として崇められると必ず人間の心まで欺かれて背理が起こる事になるのである。

14：42)。エドム世界は霊的には神の怒りを受けた悪の領域（マラキ1：3~4）また悪魔・悪霊の巣窟となっておりルシファー（Lucifer/serpent）をはじめ山羊の魔神（baphomet）・鬼（demon）・小鬼（goblin）・悪魔（devil）・岩だぬき（hyrax）・きつね（jackal）・夜の魔女（night monster）・獣（beast）等がいる（イザヤ34章/エレミヤ49：16）。エドム世界内には自己正当化意識を持った者と他者を陥れてまで命を得ようとする他罰的な人間が多い。背理のエドム世界に染まると悪魔・悪霊の類と意識が同化して邪悪になっていく。死に染められて死んだ目つきで無表情になりロボットのようになる人も多い。この世界は遵法精神を説くが自分たちの意思で正義を貫く事が出来ずに必ず不正と隠ぺい体質の世界を作り、自分達の力で克服する事ができずに悪に染まって組織は腐敗・荒廃した状態で存在・倒産する。

◆◈◆【エドム精神】－偽善者・加害者・悪性者・阿呆（asshole）－◆◈◆

【Edom】
Bushi(武士)
Egoism(自己中心主義)
Masturbation(自慰・自己愛)

【Eden / Adam】
Breshit(初め)
Heroism(英雄主義)
Zion(愛)

歴史の中で出てきた左のエドムとは江戸時代。儒教や朱子学、武士道の事であり礼儀・礼節を重んじ、ロボット動作のような礼儀作法を極めれば人格が陶冶できるはずだという思想を持つ。リスペクトと称賛を好み、個人崇拝を伴うのが特徴である。生よりも死を優先又は最高のものであると位置づける死の道である。強い者や成績等が優秀な者や年長者が正義の位置に立ち、それらが審判者となって人を裁く人間中心の世界である。エドムとは他に古代ギリシャの哲学・大日本帝国の国家主義・ナチスドイツのナチズム・イタリアのファシズムの精神・いわゆる右翼の事でもある。聖書の中では「山羊」また「左の者」として登場する。自分の罪を人になすりつけたり人の上に立って自分の意のままに人を操ろうとするなどキリストと真逆の事をする言わば「逆キリスト」であり俗に言う野郎（asshole）の事である。エドム精神は進化論（evolution）の信奉者でもあり人間を進化した動物であると捉え、さらに進化しなければならないという精神を持ち、上の者が下の者を暴力で飼育・調教・虐待する年功序列の縦社会を形成する。エドム世界内では外見的にも同じ髪型・同じ服装といった同一化を起こすのが特徴である。狩猟本能を頼りに生きており、また不当な占有欲（possession）を持つため狡猾で権謀術数に長け目的が手段を正当化するという卑怯な精神を持つ。エドムは威厳のある外見で神々しく見えるが真理（善）＝命と正義（無罪）の実体が抜き取られているため霊的死を起こしており実態は虚偽と罪にまみれた偽善者である。外面で善良な人間を装い安心感を与えて人を騙す自己愛性人格障害・サイコパスであり愛と良心を持たず依存的で精神は夢とエロスに犯されている為、本能の赴くままに自己の性欲を満たす事を最優先にした人生を送る。嘘つきで加齢と共に堕落し歓楽と不倫に熱中する人が多い。現代のエドムはいわゆる体育会という形で存在している。

【自己愛性人格障害の特徴・傾向－思考・癖・行動パターンは決まっている―】

○限りない成功、権力、才気、美しさ、あるいは理想的な愛の空想にとらわれている。
○自分がいわゆる普通の人とは違う特別・偉大な人物であるという意識。

○尊大で傲慢な態度・劣っていると見なした者を見下す。
○強さに対するこだわりと弱さに対する恐怖心を持ち失敗と恥を極端に恐れる。
○自分の目的を達成する為に他人を不当に利用したり犠牲にする。
○不倫や不正・窃盗を肯定し、他者にそそのかす。
○よく嘘をつく。嘘がばれても嘘をついた事を認めない。
○自分の非を認めず正当化する。非難されると逆に自分が被害者であるかのような話を持ち出し論点をずらしたり被害者の日常の失敗や被害者の生い立ちなど関係のない話を持ち出して周囲に被害者のほうが悪いという印象を与えるようになる。詭弁を駆使して自分を善に見せかけて被害者に責任転嫁する事をあきらめない。
○悪（crime）を行った原因・責任を他者に押し付ける。
○批判を許さず暴力的（暴力団気質・サイコパス気質なので不用意に咎めると家具や公共物を破壊しながらブルドーザーのように突進・反撃してくる事がある。）
○人間関係において主従関係を結ぼうとする（サディスト＆マゾヒストの人間関係の構築。）
○性的に愛する事のみを愛と捉える（性愛と愛の混同）。また富を重視し、物質的な富を与える事を愛と捉えている。
○慢性アルコール中毒・共依存・セクシャルハラスメント・パワーハラスメント・モラルハラスメント・家庭内暴力の加害者である事が多く加齢と共にエスカレートする。
○飲酒と迷惑行為・性犯罪・常時性交の相手を探しており不倫・不貞を何度も繰り返す。（結婚後豹変する為、機能不全家族や離婚・絶縁など家庭崩壊する事が多い。）

【外見的特徴】

爬虫類系の顔つきが多くギョロ目・ギラギラした目が多いと言われている。
かつては豪快に髭を蓄えて堅い表情をしている者が多かったが現在は殆ど見かけない。
右翼・体育会系の体型（筋肉を鍛えている）・中年以降はタヌキの化け物のようなビール腹の者が多い。
ブランド志向・ファッションは高級志向で上品・高貴な人間を装う。
女性の場合は常に他者から魅力的に見えるように気取っている。
かっこいい・さわやか・にこやか・紳士的・とても気さくな方・とても素敵な方・すごく優しそうといった第一印象で素晴らしい人という評価がされている事が多い。（第一印象の良さ、外面の良さは自分への好意を得る為、自分の評価を高める為に善人を装っているに過ぎず、普通は胡散臭い内面を見抜いて警戒するが外面の印象で信用してしまう人・結婚してしまう人が意外と多い。）

【自己愛性人格障害の撃退法・エドムの攻略法】

自己愛性人格障害（以下「自己愛」と省略。）による被害は神の庇護によって回避及び攻略が可

能である（イザヤ52：10~12/58：8）。自己愛は神の敵である故、神の栄光・神の霊が自己愛を撃退する（イザヤ49：25~26／詩篇60：14/89：23~24）。逆に神の庇護が無ければ自己愛の被害に遭って不利な状況に追い込まれ、トラブルの解決は困難または不可能となり悪者にされたり被害を受ける。またこの自己愛の者を主にすると配偶者は必ず不幸にされる。自己愛は正義のアイドルを目指すが必ず失敗、加齢と共に堕落して嘘つきの悪漢になる為、信用しない事が必要である。結婚式で誓った瞬間から配偶者もろとも呪われて（ゼカリヤ5：1~4）悪魔にじわじわと地獄に引っ張っていかれる為、騙されない為には配偶者の自己防衛が必要となる。自己愛の被害を受ける原因は、被害者がそれを崇拝・信頼したり交換条件によって自己愛の者から何かを獲得しようとする故に被害を受ける事が殆どであり、配偶者の基準が真理・神であり祝福と庇護下に入る事と、主の位置に自己愛を立たせない事によって不幸を回避する事は可能である。自己愛は不倫・不貞の常習者であるが責任も取らず配偶者を悪者にして逃げ切る事が多い為、自己愛がこのような事をやりかねない事をあらかじめ知っておく事も必要である。

【自己愛性人格障害と空理空論・仮説生成（abduction）】

自己愛性人格障害は空理空論を好むが自分の思想・好みを絶対的な善とし、自分と自分の行いもすべて善という前提で仮説を生成するが仮説は真理ではなく実体無き善の幻また真理に見える錯覚である為、仮説を信奉しても善の実体は真理にしか存在しない為、善の実体は得られない。口達者で「科学的に」「医学的に」等といった言い回しを好むがすべて仮説の理論は善の実体を与える事を確約するものではなく無く実体無き善の幻に過ぎない事を知って耳を貸さない事が重要である。仮説を本気で信奉すると真理＝善の実体＝命から切り離されノイローゼを起こす事があるため注意が必要である。また仮説信奉によってトラブルになった際、自己愛性人格障害は信奉した者を悪者にする仮説を新たに生成する癖がある。

【自己愛性人格障害の治療】

自己愛性人格障害は人間による訓戒や刑事罰・損害賠償・慰謝料支払いなどの外的強制では改悛・治療は不可能で状態はより悪化・悪質化していく事が多い厄介な病気である。自己愛は素敵な正義の自己像を墓場まで持ち込む事に固執し、様々な悪事は隠蔽して被害も無かった事に見せかけて逃げる事しか考えない。この思考は脳を治せば良いものではない為、精神科の向精神薬による治療は不可能である。原因は罪によるエデンからの追放すなわち本質的歓喜や霊的実体の命の喪失である為、これまでの罪の贖いと霊的実体の命を与える事が必要となる。神では無いにも関わらず神の位置に立っている事や幻想を崇拝している事に気づくことも重要である。自己愛は暴力で人を殺したり自殺に追い込んだりして無罪を主張する者もいて歴史的に現れたヒトラーやスターリン・毛沢東や金日成等の有名な自己愛の人物は大規模な虐殺や人権蹂躙を行っており取返しのつかない事件・事故・災難が起こりうる危険性のある深刻な病であるという認識が必要である。

コーラン 54：52）彼らの所業は全部、帳簿に記されている。小さな件も大きな件も、残さず記されている。

コリントの信徒への手紙Ⅱ 5：10）わたしたちはみな、キリストの裁きの座の前に立ち、善であれ悪であれ、めいめい体を住みかとしていたときに行った事に応じて、報いを受けねばならない。

ヘブライ人への手紙 9：27）人間にはただ一度死ぬことと、その後に裁きを受けることが定まっている。

自己愛は証拠の残らない闇や両方の可能性が考えられるグレーゾーンの領域を利用して悪事を働き、悪事が発覚した際には被害者になりすまして周囲に責任を押し付けて死に物狂いで逃げるが生前の行い、様々な嘘や不正、悪事、逃げ切った犯罪などがすべて記録されており暴露されて必ず懲罰を受ける事になっており逃げおおせる事は出来ず、内面が暴かれるため詭弁や言い逃れも通用しない。現代の社会も自己愛特有の空理空論を駆使した詭弁・言い逃れは通用せずに裁判では有罪認定されるようになってきており自己愛特有の組織を利用した犯罪なども法律によって責任追及が出来るように対策されている。自己愛が構築する制度も制限がかけられ自己愛特有の粗暴な言動・迷惑行為・趣味・公道や公共の場での恰好等も法規制が進んでおり社会から忌み嫌われ隅っこに追いやられて駄目な状態で存在また滅びていくものと思われる。

◆◆◆ カイン ◆◆◆

さらに不幸な出来事が起こる。

カインとアベルは共に捧げ物をもってきたがカインは地の産物でありアベルは肥えた羊の初子であった。神はアベルの捧げ物である羊を顧みたがカインの捧げ物は受け取りを拒絶した。事のいきさつは創世記に記述されている。

創世記4：3）時を経て、カインは土の実りを主のもとに献げ物として持って来た。アベルは羊の群れの中から肥えた初子を持って来た。主はアベルとその献げ物に目を留められたが、カインに言われた。「どうして怒るのか。どうして顔を伏せるのか。もしお前が正しい（true/right/just/justice）のなら、顔を上げられるはずではないか。正しくない（false/wrong）なら、罪は戸口で待ち伏せており、お前を求める。お前はそれを支配せねばならない。」

カインが神に捧げ物を受け入れられなかった理由として考えられるのはアベルが神の恵みを受け取って感謝の意（gratitude）を神に示したのに対し、カインは立派な態度又は積極的な姿勢（good attitude=false）で振る舞い（behave）、神から恵みを貰おうと打算的な交換条件の気持ちによって差し出したものと思われる。アベルの信仰（believe）に対し、カインの気持ちは賄賂（bribe）や奪う（bereave）といった邪な気持ちが動機であったと思われ、また同時にカインにとって労働が正義であり、それを行う自身が正義の体現者であると主張していた事が考えられるが、正義（justice/just）というのは無罪の神自身でカインは罪人である故に神はカインを間違い（Cain ≠ Just/ ≠ justice）であるとして拒絶したものと考えられるのである。アベルは神の栄光と恵み（≒ present/gift）を受け取って感謝したが農民（peasant）のカインは自分の栄光を神に示そうとし、神からの誉れを期待していたのに当てが外れて拒絶されたのである。栄光と誉れは神に属しており、人の行いや手柄・功績に栄光は無い事をカインは知らなかったのである。（歴代誌上29：11 / イザヤ42：8/48：11）

その後待ち伏せているサタンに誘拐（abduction）され、アベルを殺害（murder=guilt）してしまうという悲劇が起こる。

創世記4:9)主はカインに言われた。「お前の弟アベルは、どこにいるのか。」カインは答えた。「知りません。わたしは弟の番人でしょうか。」主は言われた。「何ということをしたのか。お前の弟の血が土の中からわたしに向かって叫んでいる。今お前は呪われる者となった。お前が流した弟の血を、口を開けて飲み込んだ土よりもなお、呪われる。土を耕しても、土はもはやお前のために作物を生み出すことはない。お前は地上をさまよい、さすらう者となる。」

その後カインはサタンに支配され、恐怖（dread）や悪と欺瞞がカインの精神を支配する状態に陥った。具体的な悪は神の道徳である十戒などに反し、7つの忌まわしい罪（箴言6：17～）おごり高ぶり、嘘をつく、罪もない人の血を流す、悪巧み、悪事へと急ぐ心、欺く発言、偽証、兄弟の間に諍いを起こす心が入り込み、神の呪いを受けることになってしまった。さらに捧げ物が神に受け入れられなかった事に対する不満から憎悪と殺意の念を抱きアベルを殺害した事によって心の平和（salem）がサタン（satan）に奪われて支配されるようになり、カインは神から離れ自力救済（≒ effort）の道を選ぶ事になる。また神の奇しきもの（wonder）や導き（positioning）から遠ざけられて依存症（≒ poisoning）の問題を抱え地をさまよう（wander）悲運を背負わされる事となった。

創世記4：13）カインは主に言った。「わたしの罰は重すぎて負いきれません。今日、あなたがわたしをこの土地から追放なさり、わたしが御顔から隠されて、地上をさまよい、さすらう者となってしまえば、わたしに出会う者はだれであれ、わたしを殺すでしょう。」主は言われた。「いや、それゆえカインを殺す者は、だれであれ七倍の復讐を受けるであろう。」主はカインに出会う者がだれも彼を撃つことのないように、カインにしるし[63]を付けられた。カインは主の前を去り、エデンの東、ノド（さすらい）の地に住んだ。

さらにアダムから7代目、カインから6代目の子孫のレメクは、「アダとチラよ、わたしの声を聞け、レメクの妻たちよ、わたしの言葉に耳を傾けよ。わたしは受ける傷のために、人を殺し、受ける打ち傷のために、わたしは若者を殺す。カインのための復讐が七倍ならば、レメクのための復讐は七十七倍。」（創世記4：23~24）

さらに憎悪が強まっており、被害妄想が酷くなって傷つき易く[64]なり、自分の殻に閉じこもって近づく者を傷つけるようになる。代を経るごとに悪性度が高くなり病が深刻化していく事が記されている。人類は生まれてくる時に創世記のアダムとエバさらにカインの罪を生まれながらに持って産まれてくる者として神から「罪あり（sinned & guilty）」の判定を受けており（ローマの信徒への手紙5：12）、また人類は必ず罪を犯す罪人（sinner）として認定されており、人類は罪に気づかないまま無視している状態が続いており神罰を受け続けている事に気づいていないのである。気づかない事によって霊的死の制裁及び物理的また霊的な地獄へ落ちる懲罰、さらに呪いと破滅のシナリオと判決が書かれており、それらは必ず判決どおりに事が運ぶようになっているのである。この事によって様々な祝福ではなく災いが地上で展開され続けており、無視を続ければ最終的には背信者は確実に破滅するプログラム・シナリオが用意されているのである。

---

[63] Yudすなわち神の刻印である。しかしカインはほどなくして「主の前を去り」とある事からこの神の加護の刻印は無効となっている。

[64] 拒絶過敏症である。拒絶過敏症とは他人からの侮辱、軽視、批判に対して極度に敏感になって激しく落ち込んだり精神に不調を起こして日常生活に支障をきたす。

<サタンにアブダクション（誘拐）されたカイン>
サタンは神と人間との断絶を計り、人間の創造性や健全な思考を停滞させ、命（生きていく力）を奪い、徐々に人間の意識を支配して悪への衝動を強くし、依存症や自己愛性人格障害のトラブルメーカーに仕立て上げて迷惑行為の拡散及び害悪の繁殖と本然の人間性を破壊し動物のようにして自滅に追い込む事を目的としており、その目的を達成する為に人間に罪を犯させておきながら罪を持っている事を悟られないように人間に自己正当化意識を持たせて支配する。サタンに取り憑かれると霊感鈍麻（senseless/stupid）を起こし無感覚になるため（箴言4：19）、見たり触れたりできる物でしか考える事が出来なくなるためエデンやシオンといった霊的レベルでの事柄や真理を把捉できなくなると同時にサタンや神といった霊的存在を否定し、尊大で攻撃的な性格の自己中心となって人気アイドルを目指すようになる。また無感覚になる事によって良心の呵責・心の痛みを感じなくなり、人の気持ちもわからなくなって偶像と本能的快楽にしか関心を持たなくなり畜生化するが、やがて肉体的又精神的な体調不良を起こし病気に苦しむようになる。

◆◆◆【カイン精神】－詐欺師・悪人・間抜け（jerk）－ ◆◆◆

illusion(幻想)/delusion(妄想)
empty(内面が空っぽ)
pretence(上辺を繕う)
mania(躁病)
Marshal(元帥)
dreamer(夢想家)
hell(地獄)

Zion(シオン)
entity(実在・実体)
presence(存在・ある)
anima(魂・生命)
Messiah(救世主)
dream one(理想の者)
help(助ける)

カインとは歴史の中では古代エジプト・ローマ帝国・冷戦時の東側諸国でソ連・中華人民共和国・朝鮮民主主義人民共和国など共産主義思想や革命思想（revolution）を信奉する精神でありいわゆる左翼のことである。聖書の中では「左の者」・「滅びの子」・「呪いの子」・「地獄の子」また反キリストの「獣」として登場する。獣と呼ばれる所以は信仰や理性よりも本能的快楽だけを求めて生きようとする所にその根拠がある。エドムに比べてより徹底した唯物主義者であり人間観に至っては分子の塊や肉の塊であるという認識をし、美醜・優劣・強弱など上辺の識別で他者を判断して敵と味方を区別し、敵と見なした者を悪として打倒・排除しようとする。現代では弱肉強食を信奉しており、戦闘的で常に他者と比較・競争・闘争して勝利しようとする。また良いor悪い・勝ちor負けにこだわるあまり目的よりも手段を愛する傾向がある（善悪マニア）。ある程度卑怯な事をしなければ生き残る事はできないという意識が潜んでおり人の善意につけこみ詐欺を働く。カインは悪の象徴でもあり病的（ill）な嘘つきで徹底的な自己中心である。神の愛（affection）と恩寵（≒afford）を徹底して否定又は拒絶し、自力救済に励む努力家（effort）であるが自己実現の為であり精神はエロス・夢・悪夢・ロマンチックな妄想に犯されている悪性自己愛で承認欲求と自己顕示欲が強く重度の依存症（addiction/poisoning）を患う。カインは加齢と共に精神が腐って卑劣になり晩年は家族に絶縁されたり捨てられるような損失者になる人が多い。カインは自殺や事故死する人も多い。

【悪性自己愛の特徴】

悪性自己愛の特徴は外面の印象がとても良くさわやかで明るく陽気な性格で、その上話してみると控え目で知的に見える事もあり周囲からは非常に魅力的な人物として高く評価されている事が多いがこれはすべて自分への好意を得る為、また自分の利益や評価を高める為に善人を装ってい

シンクロニシティ －共時性－

るに過ぎず、ひとたび自分の利益とならないと分かれば突如として卑劣・残忍・残酷な面を露わにする。それらの残忍性は世間には悟られないように外面を繕い普通に社会生活を送っている事が多い。世の中の人を欺く事に長けており得意になっているが神には通用しておらず魂に命は抜き取られ空っぽにされており、呪いと業火の懲罰、さらに様々な災いも受けて人生の末路は虚構の中で築いてきた見せかけの人間関係もすべて崩壊して損失者となり最終的に孤独と苦悶の状態に陥る。被害妄想や偏執病（paranoia）・重度の依存症による人格荒廃また認知症になる事もある。悪性自己愛は一時的に人気者になる事が多いが周囲に飽きられた時、忌み嫌われる存在になり下がるのも特徴である。悪性自己愛は困窮者や病人さえ労る心を持たない。（スターリンや毛沢東・金正日など共産主義指導者及び共産主義・左翼思想信奉者・人気アイドル（popstar）が悪性自己愛の参考。）

◆◆◆ カインの世界観と真理の比較 ◆◆◆

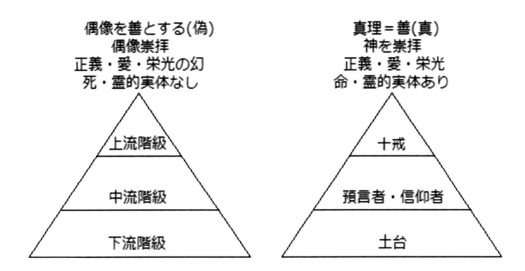

左はカインであるが金・美貌・有名・称号また難解なものに裏付けられた一流やSランクといった等級ラベル[65]等の偶像崇拝者であり現代では上流階級・中流階級・下流階級といった階層で構成される世界観をもっており、偶像の取得または自己が偶像（アイドル）になる事やそれらに追従する事によって高い位置または高い階級に登る事が出来ると同時に自己の存在価値も上がって他者から自己への愛と輝かしい栄光が得られて自己の存在意義も分かると思っている。聖書的に言えば救われて命が得られると思っているのである。

---

65) 学歴に付けられている等級ラベルである。裏付けとなる難解な知識は時代や未来を切り開く創造性や知恵を持たない。また学問の知識は命を持たない為、いくら学んでも知るだけで人間性を高める事もない。一種の偶像でありこれらのものがありそうに見える錯覚（illusion）である。偶像＝虚偽（false）＝闇・死であり、死から何かが生まれる事は無い為、死を崇め死に属する者は創造性を持つ事が出来ない。真理＝善（命）は光を有し、そこから知恵や創造性が発揮されるのである。ラベルは制度（システム）に適合できるか否かの判断材料に過ぎず、識別されるだけで栄光は存在しない。ただの識別であるため命も存在しない（すなわち何も思われない）。偶像崇拝者は等級ラベルが自分の栄光を証するものだと思って特別待遇を期待するがおおよそおおよそ支配人・主人（master）が高い等級の者を欲するのは栄光ある者を欲しているのではなく奴隷の目安として等級に着目しているのである。すなわち高い等級ほど従順でよく働き利用しやすい奴隷であると認識され選抜されているのである。偶像は善の幻を見るだけでありABCDの等級ラベルがあったとしても等級ラベルは区別に使用されるだけでただの物質・ただの名前に過ぎず人間がそれらに対して感じる善は一時的でありすぐに善は空っぽになる為人間の心に得られるはずの善はいつも無に帰する。ただの物質・名前に過ぎない偶像は人間を救う力も持たない。偶像を善として崇拝した者は幻滅後に命を喪失し霊が真理の救いから切り離されて地獄に堕ちる為、地獄の世界をつくり自ら生き地獄を味わうようになる。この事の実例は朝鮮民主主義人民共和国の惨状やカイン精神の者達が居る世界、いわゆるブラック企業と呼ばれる会社の実情が好例である。外面だけ華やかに繕うが内実は地獄の世界となる。

カインの頭の中のビジョン（革命成就・良い会社・自己実現のイメージ）

しかし偶像は死物（ハバクク２：19）に過ぎず、またその偶像が霊的実体の命を与える事もなく栄光もありそうに見えるが実際は無い為（イザヤ42：8）、カインが崇拝している偶像とイメージは命と栄光が欠落した実体無き幻である。偶像を善（good）の基準にして作り上げられた世界は幻の世界であり実際は理屈で構築された無機的また機械的なただのシステムである。真理＝善（good）は不滅であり本質的歓喜を与える霊的実体の命を有し、また命を与えるが偶像の善はそのような実体が無い唯の幻である為、本質的歓喜が起こらず内面は空っぽ（empty）となる為、人間関係は上辺だけの演技になり虚構となる。一見すると愛や友情、また栄光による歓喜に見えるが実際は自己の好意を得る為に笑顔を振舞っていたり、コンパニオンであれば金銭の為、また世の中に独裁支配の正当性をアピールする為に繁栄を見せかけているに過ぎず、外面とは乖離した純粋性の無い、グロテスクな内実と野蛮な動機を秘めており実態を正確に表していない、また現実と合わないまやかし（fake）の像であり、常識的に考えてこの容姿で若い女性に囲まれる事も現実には存在しない。この像は朝鮮民主主義人民共和国の共産主義の理想イメージとして描かれたものであるが、そもそも共産主義の理想や現実を現したイメージではないのである。戦後学歴社会と言われる日本では良い大学・良い会社・良い人生のイメージとして多くの人々が理想に抱く傾向のある幻であるが、これは高学歴者の現実を現したイメージでもなく、会社の現実でもない。これは芸能界のイメージであり、本来美男のアイドル、歌手や音楽家、映画俳優、スポーツ選手などがファンに囲まれるイメージであり勘違いを起こしているのである。本当の愛・永遠性のある友情・絆・栄光による歓喜はこのような表情に出る事は無く真顔であったりつまらなそうな表情である事が多く一見すると互いに無関心に見えたりするものであるが、このイメージは妄想（delusion）から生まれた幸福イメージであり、イメージにふさわしい霊的実体を持たない為、力ずくで美女や人々をかき集めて外面を維持しても心は必ず破綻する運命を背負う。カインは神の法を無視しており正義（無罪）は無く常時霊的に罰と呪いを受けており、また人間の心を支える霊的実体である土台も無い為、情緒不安定な状態に置かれている。偶像と正義を結びつける事に固執して偏執病（paranoia）を発症している事もある。このイメージは黙示録に

登場する獣の像であるがこの像を本当だと思い込み理想として崇拝すれば躁病になり気分障害を発症する（黙示録 14：11）。一方で右は真理であるが、神の正義・愛[66]・栄光は幻ではなく実在しており（歴代誌上 16：27）命のある真理＝善から与えられる霊的感覚によって把捉可能であり、その霊的感覚はカインのそれとは異なる。

カイン世界の感覚は地獄	真理は天国
焦燥感・苦痛・不安・緊張感・恐怖感	本質的歓喜・幸福・安らぎ・落ち着き
陶酔感・落ち込み・絶望感・不愉快	満足感・悲しみ・怒り・勇気・希望
不快感・圧迫感・疲労感・ぼーっとする	苦しみ等人間的な感情
眠気・億劫・吐き気・むかつき等病的症状	

金正日死去と葬儀で号泣する北朝鮮人民

脱北者の証言

---

66) 愛は真理＝善（命）と正義（無罪）が伴っていなければ成立しない。故に正義（無罪）を無視した人間及び偶像の善（幻）で打ち立てられた秩序に愛は存在しない。虚偽とエゴイズムでは愛は成り立たない。

シンクロニシティ －共時性－

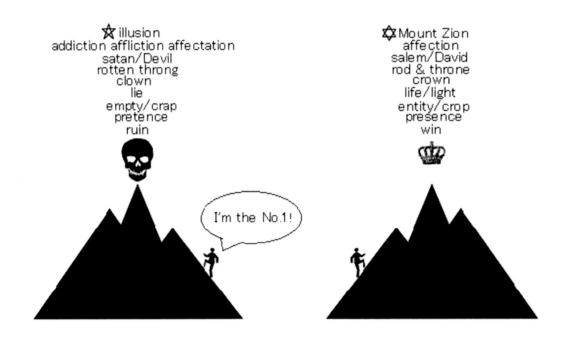

　左はカインであるが素敵な自分を装い我こそはナンバーワンの勝利者なりと言わんばかりに自己実現の為に上にのし上がっていこうとする自己愛の道・アイドルの道であるが、経済的・物理的に繁栄して外面のイメージが華やかに見えるが霊的実体の収穫物（crop）を喪失して空っぽ（empty）の死物、言い換えればガラクタ（crap）をかき集めている状態にされている。（ルカ12：16~21 / 詩編127：1）。喪失する善の飽くなき獲得を行っている状態である。霊的実体の収穫物及び命は右の真理＝善にしか存在しない為、善の実体無き幻（illusion）を崇拝するカインの精神（mind/mentality）は腐敗（rot）し破滅（ruin）に向かう。自己実現の実態は善の霊的実体（＝命）無き偶像崇拝であり自己満足・自己正当化である事を悟れないカインは悪魔の運命を辿る事になる為（イザヤ14：12~23）、永遠の苦痛を伴う陰府（死の領域）の深い所へ降っていく（エゼキエル31：14 / 詩編94：13）。悪魔は一時的に人気者となり繁栄するが衰退と懲罰による心身共に破滅の運命を背負いカインはこの悪魔の運命と同様の経過をたどる事になる。偶像の為に頂点に上りつめても栄光の実体が無く地上でどれだけ富を蓄えても地位・名誉・名声を得ても死のままでありそこに命も救いも無く（イザヤ57：13）、それどころか偶像崇拝によって無感覚の自己中心に陥る為、精神は火と硫黄で焼かれる事になり（詩編11：6 / ヨハネの黙示録14：9~10/20：14/21：08）、第二の死すなわち精神疾患や依存症（addiction）を起こす。勝利の言葉の実体がある右の真理に属する事によって火や硫黄といった第二の死の被害を防ぐ事が出来るのである（ヨハネの黙示録2：11）。カインはアイドルの道を目指す事で優れた人と関わる事が出来、また優れた人と結婚出来て素晴らしい人生が送れると思っているがカインが見ているのは善・正義・栄光・愛・友情・絆・知恵の夢・幻に過ぎず神に呪われている為（創世記4：11）出会う人は悪性の人間ばかりで金銭を動機とする上辺だけの団結しか出来ず奇跡・不思議・祝福・恵み・導きもなく不倫・利益・闇・地獄・中毒・依存・罰・呪い・罠・恐怖・病気・孤独・死などに縁が結ばれている為決まって悲惨な人生の末路を辿る事が多い。

【カインに対する神の裁き】

rot（腐敗）/lose（損失）/ruin（破滅）/wander（放浪する）

【カインの人生に縁のある事柄】

ノイローゼ・ヒステリー・鬱病など精神疾患やアルコール・向精神薬・美容整形・ギャンブル・共依存などの依存症／自己愛の奴隷＆餌食／同性愛／機能不全家族（家庭内暴力・不貞・離婚・絶縁・虐待など）／リストラ解雇／詐欺の被害など経済的大損／中途挫折／過労死／自殺／癌・高血圧・糖尿病などの生活習慣病に加えカルト宗教の偶像崇拝は事件・火事・事故・裁判に縁が深くなる。

イザヤ44：18）彼らは悟ることもなく、理解することもない。目はふさがれていて見えず心もふさがれていて、目覚めることはない。

建造物という偶像崇拝において偶像崇拝者は建造物とそれの建設に携わる労働者又は建設させた者や設計者を神格化するものであるが、偶像はただの物質であり死物である点において右のガラクタと同等であり真理・命を持たない為、命を与える事が出来ない。偶像崇拝者は善の幻を見ているに過ぎず、この様な建造物そのもの又はそれを建設する事で善や正義また栄光が得られると錯覚しているが実態はただの土木作業また肉体労働であり、達成した喜びは一時的に得られたとしても偶像の善は幻であり不滅的な善ではない為、実態はガラクタを積み上げたのと同等となる為、労働は自己実現にはなり得ない。また偶像は必ず幻滅が起こる為、幻滅後の評価は著しく下がり、後に新しい物が出来上がった際に設計した知識や建造物はすたれて古びていく運命を背負う。仮に偶像に莫大な金額が付けられて「価値あり」とされたとしても金もまた死物である。したがって偶像はすべての人にとって不滅的な善（良さ）となり得ない為、偶像によって命を得ようとした者は一部のマニアの人に称賛される事はあったとしても不滅的な善である命を得られない事になる。この手の偶像はすぐに飽きられる傾向を持つ。

現代は労働者を世の覇者・征服者・勝利者に見せかける為、また労働を創造的で立派な仕事に見せかける為に恰好良く聞こえる称号がつけられるが労働の概念を抽象化すると、土木作業そのものか、または土木作業とそれほど変わらない。

イザヤ42：17）偶像により頼む者、像（イメージ）に向かってあなたたちがわたしたちの神、と言う者は甚だしく恥を受けて退く。

思春期の少年少女に理想として崇められている偶像（イメージ）である。おおよそ学園ドラマ・青春ドラマ・恋愛ドラマ・オフィスドラマやラブロマンス系の映画に影響を受けているものと思われるが、一流・有名・美貌・豪華な偶像（イメージ）を頼りに寄り集まる仲間は偶像崇拝によって霊的死を起こしており外面は皆笑顔で楽しそうに見えるがこれは本質的歓喜と善の実体（命）無き見せかけの平和・見せかけの幸福すなわち虚像また幻であり実態は右の死霊ゾンビと同等であり精神的苦痛や依存（addiction）を伴う集団となる。すなわち愛（affection）・友情（brotherhood）・絆（bond）が存在しているように見えるだけで実態は互いに称賛しあって一

時的な安心感を得続けようとする上辺だけの関係であり、幻に価値を見出して寄り集まる嘘偽り（falsehood）の団結（band）である。幻で結ばれた偽の友情・絆である為、幻滅後相手に飽きると同時にお互いの心に猜疑心が生じて相互不信に陥り関係は破たんするのが運命の相場である。このような人々は命を得ようとする為、自身がいかに幸福であるかを知って欲しくていつも外部の人々に笑顔をふりまいていたり努力を隠し遊び人風の恰好をして高得点の成績だけをさり気なく周囲に見せて才能をアピールしたり、有名人と共に居る事や美男美女集団に属している事を周囲に誇示するなどことさら自己顕示欲が強い傾向を示すがこのような団結をして勢力を誇示する事によって人々から一時的に称賛されたとしても命（不滅的な良さ）は得られない。このような自己顕示欲は心理が見破られて人々から鬱陶しく思われて嫌われるのが普通であり、彼らの意図は裏目に出て命を喪失する（ダニエル12：2）。イメージだけは楽しそうに見え、光輝いているかのように見えるが実態は闇であり内実は死の世界また地獄であり、死の世界や地獄は一見すると華やかで楽しそうに見えるのである（創世記3：6）。自分を輝かせる為、他者に自分を喜ばせようとする動機で命を得ようとすると神から罪（sin）として裁かれ霊的死を起こすのである。偶像崇拝はいかにも命が得られそうな感じがするだけで実際は一時的なムードで成り立つ共同幻想であり幻滅後はおぞましい感覚に悩まされ、人間は偶像もろとも評価されなくなり衰退する運命を背負う。偶像に向けられるかっこいい・かわいい・綺麗・素晴らしいという感覚に命は無く命は真理すなわち神の教えにしか存在しない。

マタイの福音書10：39）自分の命を得ようとする者は、それを失う。
コーラン29：25）アブラハムは言った、「あなたがたは、神をさしおいて偶像とこの世の生活で友情を結んだだけのこと。復活の日には相互に不信に陥り、呪い合うでしょう。あなたがたの住まいはすなわち業火となり、一人とて救助者はないでしょう」

◆◆◆ カインは地獄の子・地獄の住人（Cain the hell dweller）◆◆◆

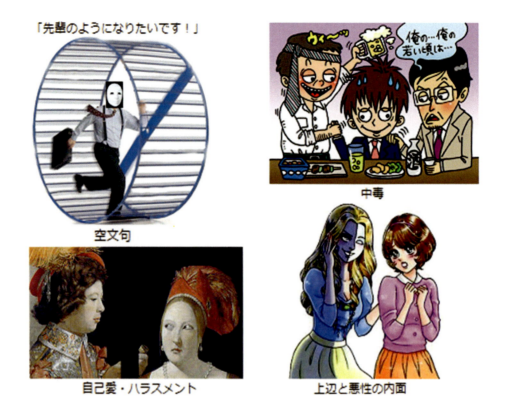

カイン世界は自己愛によるハラスメント・人権侵害・人権蹂躙が横行し、人間は家畜または家畜以下の扱いを受ける世界である。人間関係も上辺だけの幻想（illusion）・まやかし（fake）で嘘偽りの関係に悩まされる苦痛を伴う地獄であり精神は悪性の内面を本音とする為呪われて数多くの悪魔と繋がっている故、霊的には業火の懲罰（マタイ25：41〜46／コーラン52：12〜16）を受けている。またカインは慢性アルコール中毒である事が多く、団結（band）を試みて飲み会等を頻繁に開催して愛・友情・絆を深めようとするが偶像崇拝と偽りの仮面をかぶって自分の利益の為にこびへつらう空文句の嘘によって霊的死の制裁と罰を受けている為（マタイ12：36）、そのような者達がいくら寄り集まって団結しても愛・友情・絆・縁はもともと存在せず、また嘘からそれらが生まれる事もない為、カインの運命は友人・家族・恋人の損失者となる。（エフェソ5：5／コリントⅠ6：9〜10）悪性の内面による苦しみ・中毒の解決は罪を贖い神から霊的実体を与えられねばならず、様々な災禍の回避と解決は神の霊的庇護でしか救えない為（出エジプト11：7/12：23／イザヤ52：10〜12/58：8／ダニエル3章／ペテロⅡ2：5/2：7）そのままでは滅びていく。カインの主催する飲み会を始め結婚式やお誕生日会等はすべて嘘偽りの手合いが寄り集まる団結である為、偶像に基づいた寄り集まりを断ち切り真実に立ち帰って神に導かれなければ孤独になる運命も解決されない。

マタイによる福音書13：49）世の終わりにもそうなる。天使たちが来て、正しい人々の中にいる悪い者どもをより分け、燃え盛る炉の中に投げ込むのである」。悪い者どもは、そこで泣きわ

めいて歯ぎしりするだろう。

ヘブライ人10：27）ただ残っているのは、審判と敵対する者たち（＝カイン）を焼き尽くす激しい火とを、恐れつつ待つことだけです。

マタイによる福音書25：41）呪われた者ども、わたしから離れ去り、悪魔とその手下のために用意してある永遠の火に入れ

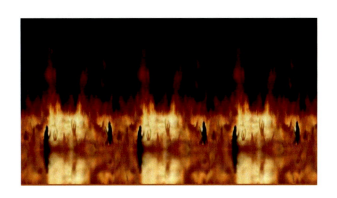

カイン世界は霊的に焼却炉になっており神は天使を使ってカインを悪魔と一緒に焼却炉の中に投げ込んで閉じ込めているのである。カイン世界に割り当てられている言葉は hellfire（業火・地獄の刑罰・苦しみ）/ hell（地獄）/ pyromania（放火狂）/ pyro（炎）/ bother（悩ます）/ annoyed（いらいらした）/ pressure（プレッシャー）/ trap&trouble（罠とトラブル）/ harassment（嫌がらせ）/ torture（責め苦）/ panic（混乱）/ addiction（依存）/ group poisoning（集団中毒）/ illness（病気）/ paranoia（偏執病）/ neurosis（ノイローゼ）ほか多数の暴力的で野蛮な言葉である。悪魔はルシファー（Lucifer）等と繋がっている。裁きの時に神はカインを焼却炉に閉じ込めて焼き滅ぼす摂理を行うが現在まさにその時期に来ておりこれは獣である悪者カインのホロコーストといっても過言ではなくこの業火の懲罰から救われる事は可能であるが畜生性の高い人、悪性度の高い人ほど最後まで真理を拒絶する為、実際は滅びる事が多い（テサロニケⅡ2：10~12）。はっきり言って望みが薄く既に孤独になる運命と地獄行きが確定している者も居る。真理に背けば背理の世界に追いやられて生き地獄の懲罰を受け、神に反逆すれば本来とは反対また逆の事をやらされる運命が待っている事にカインは気づいておらず、この世の死の世界である体育会系（jock）の型やこの世の地獄である共産主義の型にはめられて苦しむ（ネヘミヤ9：34~37 / 詩編107：17）。

マタイによる福音書25：46）こうして、この者どもは永遠の罰を受ける。

【カインの救済】

カインは神の法を無視しており偶像を基準に不当に人を裁く差別主義者で残忍性を持つ為神から裁かれて残忍な懲罰を受けており家畜や機械の一部にして扱われるような世界に追いやられて精神的な重荷と労苦を課せられており地獄の苦しみを味わわなければならない状態に置かれている

シンクロニシティ －共時性－

（マタイ 25：41~45）。またカインは偶像・幻を基準にする事でやる事なす事すべて裏目に出て呪われており自分を不幸にし破滅に追いやる悪癖も多い。カインが救われる為には悔い改めと罪の贖いが必要でさらに神の法と裁きを遵守する事すなわち真理に基づく事によってしか救われない。

◆◆◆ カインと共産主義（共同体主義）－バベルの塔－ ◆◆◆

monkey(猿)mockery(あざけり)
ape(類人猿)
chimpanzee(チンパンジー)
abduction(空理空論)addiction(依存症)

mercy(慈悲)
ace(最高の存在)
sympathy(思いやり)
affection(愛情)

儒教など中国古来の思想による団結または神の秩序を無視したローカルルールで共同体・組織を作り、真理（神の成文法・宣告・宣言）を無視あるいは真理をひっくり返した背理・誤謬・偽善・自己愛精神を意識に刷り込む事で神から意識に対して責任を問われると同時に間違いの判定と罰を受け、猿・チンパンジー・類人猿または悪魔・悪鬼（fiend/devil）にされる。タルムードによると猿やチンパンジーは元人間であったとされる。（創世記 11 章 / タルムード BT サンヘ 109a）

背理・誤謬・偽善	真理
自分が主体。	神が主(主体)である。
労働者は正しい。（共産主義）	人間は罪人である
我(ら)は偉大なり	神は偉大なり（偉大の実体は全知全能の神）
我(ら)は万能だ。	万能の言葉の実体は神
革命の為なら殺人を肯定(共産主義)	汝殺すなかれ（殺人は神の権限）
敵を打倒せよ	汝の敵を愛せ（敵の打倒は神の権限）
運命は自分で切り開く	運命は神が切り開く
自力更生・自助努力 誰も助けてくれない	神自らが戦う・努力する・助ける。
労働を通して成長し、自己実現する	実を結ばず地をさ迷い破滅する（判決・宣告）

【誤謬】 人民のみが世界の歴史を創造する原動力である（毛主席語録）
【真理】 神のみが世界の歴史を創造する原動力である。（論拠　シンクロニシティ - 共時性 - ＆マクロ精神分 ＆ 個体精神分析）

このような意識を持つ事によって真理の光が遮断され霊的な命も喪失し霊性が著しく低下して無感覚（stupid）になり畜生化する。

野生の猿の群れ同様の攻撃的・暴力的な悪性の集団（暴力団）になる。表面的に礼儀正しく紳士的また上品に見えるが内面は愚連隊と同じで北斗の拳のザコに似ておりあざける者が多く突然暴力を振るう者もおり警察にしか対処できない程危険な者も居る。この意識を持った集団の男性は外見的にも猿のような丸刈りや角刈りまたボサボサの短髪である事が多い。共産主義（共同体主義）や学校教育が猿の群れ同様の縦社会と似ておりバベルの塔に該当する。無感覚の自己中心者同士の寄り集まりである為、混乱（panic）・分裂（≒ divorce）・対立（confront）・抗争（contend）を起こすのが特徴であり真の共産主義者同士であれば殺し合いを始める。共産主義者/共同体主義者はヨハネの黙示録に登場する666の獣でもあり天からの霊的な炎によって霊的に滅ぼされていたり、霊が焼却炉や火の地獄または火と硫黄の燃える池になげこまれている為、理性喪失[67]しヒステリー・躁病から来る万能感と気分障害・ディスチミア症候群・ノイローゼなど情緒不安定な状態また依存症の状態に置かれている（マタイ 5：22/13：40/49〜50 / ヨハネの黙示録 19：19〜21 / 20：9〜10 / 21：8）。偶像への強いこだわりと党派心を持つこの属性はまともな子孫繁栄が出来ずに滅びていく運命[68]の者が多く現代の少子化の現象に反映されて

---

67) ①ノイローゼによる思考停滞②創造性の喪失 ③物事の真偽を善悪で判断する④推測・憶測によって裁く

68) 日本では戦後から1990年代までの学校教育において誤った共産主義思想・左翼思想の影響を受けた世代である。大日本帝国時代も背理・誤謬・偽善・自己愛精神を刷り込む教育がされていたが戦争に駆り出されて戦死した者が多く、集団自決や突撃・特攻して自爆した者も居り死の運命や地獄と繋がっている。天皇という偶像崇拝によって第二次世界大戦では日本は空襲で焼け野原にされ、原爆でも殺されたが（イザヤ 34：05 / エゼキエル 25：14）現在は霊的に炎を降らせて無感覚に陥った自己中心者・偶像崇拝者また悪鬼（devil/fiend）を焼き滅ぼしており（ゼパニヤ 1：2〜3/3：8）様々な災いや少子化が起こっている。生き残る者と死ぬ者、子孫繁栄する者と滅びる者は神の裁量による。現在は突撃・特攻・集団自殺に相当する行為で損したり衰亡また破滅する。第二次世界大戦の時に神はアメリカ軍を使って猿のようであった日本人をマシンガンや火炎放射器、焼夷弾や原爆で

シンクロニシティ －共時性－

いる。共産主義（共同体主義）は明らかな偽善を威力・武力・暴力によって無理やり成り立たせる善の実体無き虚構である為、それを成り立たせている者達の気力・体力が持たずに中途脱退する者が多く偽善を成り立たせている自分達の言動の気持ち悪さに耐えかねて自壊・自滅する事も多い。悪魔は学校教育や世の親を通して幼少から教育で背理・誤謬・偽善・自己愛精神を刷り込んで猿のような人間を育成して全体主義の奴隷また使い捨ての奴隷にしようとするがこれまで子供達の意識は悪魔の虜となってる状態が続いている[69]。社会は永遠に共産主義の型・システムで人間を統制しようとする傾向を持つがこの様な型・システムと教育思想が人間を成長させることはない[70]。共産主義は偶像崇拝であり、偶像や自己を神の位置に立てているため霊的死を起こした人間の肉体だけが寄り添っている団結（band）・集団（group）であり愛も友情も絆も存在しない幻想の世界である[71]。

　爆殺・駆除させていたというのが本当のところであり、猿のような人間は神から殺処分の対象となっている事が多く今後も霊的に隔離されて駆除・成敗される運命また社会から迫害される運命を背負うものと思われる（イザヤ34：5~6）。

[69] 神は神に象り神に似せて人を創造しておりはじめから猿に似せて人を創造していない（創世記1：26~27）。猿のようになってしまうのは人間の罪に問題がある。自己中心によって無感覚に陥ると本能ばかりで生きる情緒不安定な猿のような悪性の人になる。悪魔は子供が内面に罪を持って生まれてくる事を知っており罪と悪への衝動を持たせたまま鉄の規律などで束縛・飼育・調教しようとするが人権蹂躙・人権侵害の問題を多発させるのみで内面の心は陶冶されない為人間は畜生化する。世は外的に集団のあり方・共同体の制度を良くしようとして統制を試みるが人間に動作を要求するのみで内面が陶冶されない為、教育のありとあらゆる制度改革によっても必ず教育は失敗するようにできているのである。また悪魔は世の親などを通して子供たちに偶像を見せつけて劣等感を煽り偶像崇拝者に仕立て上げようとするが偶像は死物であり善の幻に過ぎず真理にしか善の実体＝命がないことを悟らせる事も必要である。世の精神は飽くなき進化と偶像の取得に没頭させようとするが惑わされないように各人が防衛する事が必要である。サディスティックな悪魔が世の精神また偶像崇拝者の精神を支配している事を知らなければ被害に合うようにできているのである。問題の解決は内面に命を与える事が必要となる。

[70] 真理にしか霊的実体の命（力）が無い為、背理の思想によって人間に命（力）を与えたり成長させたりする事は不可能。

[71] 愛・友情・絆が成立する為には偶像＝偽善（false good）では成り立たず正義（無罪）と真理＝善（命）が必要となる。虚偽とエゴイズムでは愛は成り立たない。

◆◆◆ 学校教育の徳育・人格の陶冶など世は共産主義の精神を採用する傾向を持つ ◆◆◆

左の共同体主義では偶像を善とするため十戒など真理を無視また排除し人間がイメージする理想像・偶像に置き換える。その上で「あれが良い、これが悪いからああすれば良い、こうすれば良くなる」と言って理想像の実現と人間を偶像化させる為の理論を構築し集団を外見的に統制しようとするが、ただ動作を要求しているだけで命が欠落して霊的死のままであるため内面が陶冶される事は無い。どんな活動をしても動作しているだけの状態である。理論はすべて善の実体（命）が得られない空理空論であるが偶像崇拝者とくに共同体主義者はその事に気づかない。共同体主義では集団を統制したうえ皆で理想像を目指すため外見や思想・思考をも統一させ人間を同一化させようとする癖を持つが人格を破壊している事にも気づかない。共産主義では偶像とそれに追従する集団を善とするため集団に同一化しない者は人民の敵として虐殺が起こるが、共産主義国では無い国では理想実現のために人間を暴力で強制して集団に同一化させたり集団への同一化を拒む者を異端者・異常な人として精神病の病名などをつけて集団から排除する。善の獲得や人格の陶冶等を目的として人間の偶像化を目指すがこのような事をしても善の実体である命が得られる事は無く真理にしか命は存在しない故に人間は動作しているだけのロボットやピエロになる。また主体的な人間の育成というのを建前にする事があるが偶像の都合に合わせて集団行動させられるだけで実態は偶像の奴隷になるだけとなる。このような事をする結果集団はみな霊的死を起こしてノイローゼなど情緒不安定になり風紀は乱れ混乱・分裂・対立・抗争が起こり組織は腐敗・破滅の状態で存在または崩壊する。精神の病から体調不良を起こす者も多い。この共同体は会社組織などで利益追求のシステムとして採用されているが、そこで何らかの労働をしても善の実体が得られる事は無く集団の人生は何の糧も得られずただ動作していただけという状態に陥るため空しすぎて自殺する人も居る。これが共産主義（共同体主義）の理想とされる世界・学校教育の目指す主体的な人間の育成・人格の陶冶・徳育の実態である。学校教育ではマルクスや毛沢東また金日成の主体思想と同じ思想・発想・思考をベースにする事が多い。

◆◈◆ 共産主義（共同体主義）・学校教育と真理の属性比較 ◆◈◆

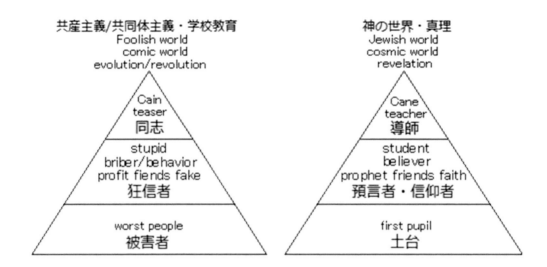

　左は共産主義（共同体主義）・学校教育の精神であるが罪人であるカインが共産主義特有のトップを意味する同志という名目で指導者や先生の位置に立つと私刑が横行する暴力的[72]な独裁のいじめる人（teaser）となり、それに支配される者達はヒステリー・ノイローゼ（neurosis）を起こしてstupid（無感覚・愚か者）またfiends（狂信者達）[73]となって互いに抗争したりいじめ・嫌がらせ・レイプ・リンチ・吊るし上げ・虐待・虐殺などが発生し最下層の者は抑圧支配される奴隷または被害者となる。この型・システムで発生する問題は学校教育やソ連・中華人民共和国・朝鮮民主主義人民共和国の惨状に顕著に反映されている。外面だけで評価されるシステムである為、狂信者達は自分の利益（profit）の為に上辺の態度で振舞う者（behavior）または贈賄者（briber）[74]となって指導者に評価されようとする為、大量の嘘つき・詐欺師（fake）が発生する結果をもたらすと同時に人間性が駄目になって行き本能だけで生きる獣のようになる[75]。サタンはこのような共産主義（共同体主義）の型・システムを用いて嘘つき・詐欺師を大量発生させ人間の罪に汚れた内面を神に裁かせて罰を受けさせる[76]事で人間を精神疾患や依存症の状態に追いやっているが人間は通常その事に気づかない[77]。このような罪と悪にまみれた人間は真理と

---

72) 暴力行為・暴行・傷害事件・殺人事件が発生する事もある。学校教育の現場で多発する。

73) 指導者の狂信者である事もあるが、多くの場合指導者はぺてん師（cheater）でもある為、誰も指導者を信用しておらず下層の者達は思想や自分の夢の狂信者である事も多い。

74) 真理の属性はcosmic heroes（広大無辺な英雄達）であるがこの属性は霊的死を起こしてcomic pierrots（滑稽なピエロ達）またcosmetic pierrots（外面だけのピエロ達）となる。ピエロは外面だけ清く正しく美しいアイドルの事でもありアイドルはサタンが操り人形（puppet）や機械（machine）またロボット（robot）にして飼育する為、生き地獄のような人生を送る者が多い。

75) 額や手に666の烙印が押されている事がある（ヨハネの黙示録14：9）。

76) 歴代誌上28：9／箴言16：2／箴言24：12／エレミヤ11：20／17：10

77) ローマ1：18／2：8

正義（無罪）が欠落して霊的死の状態にあり、神から存在が許可されていない[78]為、内面すなわち精神は死の領域・地獄・破滅の状態に置かれている（詩篇９：17～18）。右は真理の型であるが、人間が遵守するべき基本はCane（杖）すなわち導師モーセ（moses）の律法[79]を意味しており、下層に居るのは信仰（faith）を持つ信仰者（believer）と預言者（prophet）であり下層は土台のキリストである。救いの型でもあり真理である故に人間の存在が神に認められ、命を有する。またカイン世界では闘争によって革命（revolution）が起こり理想世界が実現する法則（革命思想）とか、弱肉強食の原理によって人間は進化（evolution）する。故に進化できる者だけが救われて子孫繁栄するという優生学の観念を持つものが多く存在するが、この様な思想に基づいて人を裁く者を神は罰して滅ぼすが、これもサタンの罠でありカイン世界は霊的または物理的に地獄となる事が多い。不変の原理は神に属しており神の原理[80]にしか「救い」という言葉の実体は存在しない。またカイン世界ではカインが勝手に考えた道徳・常識とされるもので集団を束縛したうえ知恵・能力・才能・創造・自助努力を要求する為、集団は常時緊張状態及び疲労状態に悩まされるが知恵・能力・才能・創造は神に属しており努力は神が行うのが真理である為、背理の世界であるカイン世界は知識のみで創造的な知恵による発展を成し遂げる事なく多くは数年～数十年、長くとも70年という短期間で衰亡する運命を背負う[81]。

---

78) エデンからの追放である（創世記３：23）。真理しか存在を許されず、虚偽はそもそも存在できない為、エデンから追放された人間は自然界の命だけで生きる存在となっている。罪に対する刑罰については一定期間猶予されている場合もあり、神が罪を見逃す事は無く必ず裁かれて罰を受ける事になる。（コーラン 14:42 / ナホム 1:3）

79) Caneは神の教えまた神の法と裁きである。Cainはこれを無視しており他人と比較・競争し、自分の好みに従って他者を裁く精神であり律法の精神はカインと異なる。

80) 真実をよりどころとし、本当の神を中心とし、真理（神の法と教え）を遵守する事によって救われる。

81) 偶像の衰退・共産主義というイデオロギーが有名無実となり衰退・崩壊するまでの期間は約70年。聖書のバビロン捕囚・ソ連崩壊が参考。

シンクロニシティ －共時性－

◆◆◆ カインと自力救済 ◆◆◆

一流・有名・金など偶像崇拝

背理の自助努力・自力更生	真理の絶対他力
revolution(革命・回転)	revelation(啓示)
SEX(666・金・悪魔)	X(キリスト)
Lucifer(ルシファー)satan(サタン)	Ruwach(神の霊)salem(平和)
control(支配)	console(慰める)
tower(塔=偶像崇拝)	power(力)
empty(虚無・空っぽ)	entity(実在)
starving(飢餓・霊的飢餓)	starring(主役)
dead/dread(死・恐怖症)	Yud(神)
poisoning(中毒)	positioning(導き)
addiction(依存症)	affection(愛情)
warfare(戦争状態)	welfare(福利・幸福)
panic(パニック)	tonic(精神的に元気づけるもの)
confront(敵対する)	comfort(元気づける)
contend(争う)	content(満足する)
hell(地獄)	help(救い)
arrest(拘引)	rest(休息)
lie(嘘)	life(命) light(光)
effort(努力)	afford(与えられる余裕)
profit(利益)	benefit(恩恵)
guilt(罪がある)	gift(天賦の才能)

左の偶像崇拝者且つアイドル志向のカインは真理から逸れて本来与えられるものを拒否している状態で生きている為、余計な精神的病苦を自ら背負っている。カインはシステムに適合また通用しているだけで光（light）と命（life）が無く自己を支える土台のキリスト（X）も無いため霊的に飢餓状態（starving）にあり悪魔と意識が同化していく為中年以降急激に性格が卑劣・残忍になる事が多い。内面の悪性によって罪が重なると同時に神から罰を受ける為、加齢と共に倦怠感・疲労感も増していく。気力と体力を消耗するだけであり自力で成長や救済は不可能であり偶像からの導きも無く悪魔（satan）の支配下（arrest/control）にある為、心に地獄（hell）が広がり頭の中は混乱（panic）また戦争状態（warfare）で運命も同等の者と出会って抗争（contend/confront）に明け暮れる人生にされている。カインの人生は金・酒・セックス依存症になって自力でやめる事も不可能で真理と神の力による救済を必要とする状態に置かれている。右は真理に属する者であるが各人に必要な知恵・能力や才能（gift/talent）は神から与えら

れるものであり（列王記上３：12／５：９）、神の霊（Ruwach）による導きと神の力（power）によって生きる為（サムエル下22：40）、努力は神から人間に求められる事は無くまた本当の正義（無罪）に本当の善（真理）が伴えば救い（help）と恵み（benefit）があり病的な苦しみは起こらない。

◆◆◆ カインとアイドル志向 ◆◆◆

アイドル志向のカインは完全無欠のアイドルを目指す傾向がある為、悪い面を隠して良い面ばかりを見せていこうとする癖を持ち、外面の魅力だけを向上させようとする。自分の好感度を上げる為の笑顔など自分が良く思われる為の努力しかしない傾向を持つがこれは自己愛であり愛の原理に悖る為、霊的死を起こしてうつ病や躁うつ病を発症する原因となっている。自分が気に入られる為の振る舞いしかしないアイドルは神に呪われてゲヘナ（地獄）の火で焼かれる為、精神疾患や体調不良を起こす者が多い。（コーラン２：24）

◆◆◆ 霊的死と善悪マニア ◆◆◆

創世記2：17）善悪を知る木からは取って食べてはならない。それを取って食べると、きっと死んでしまうであろう。」

ルカによる福音書23：34）「父よ、彼らをお赦しください。自分が何をしているのか知らないのです。」

善悪を知る木の実を食べると霊的死を起こし、罪と霊的死を悟れなくなる。その上でサタンに意識を支配されるとサタンに意識を支配されている自覚もなく、物事の真偽を善悪で判断するようになる。

霊的死を起こした者との会話はおおよそ次のような対話になる。

 A）聖書を解釈しました。見てください。
 B）見たけど幼稚な内容ですね。
 A）それでは大人っぽい内容、大人っぽい解釈を見せてください。
 B）・・・・回答不能。

 A）聖書を解釈しました。見てください。
 B）低レベルな解釈ですね。そんなものはオカルトレベルですよ。
 A）それではハイレベルな解釈を見せてください。
 B）・・・・回答不能。

 A）聖書を解釈しました。見てください。
 B）それは独善的な解釈ですよ。
 A）それでは間違いを指摘して正しい解釈を教えてください。
 B）・・・・回答不能。

本当か嘘か？正しいか間違いか？正解か不正解か？の問題に対して良いか？悪いか？で判断して返答しており会話が成立しておらず、真偽を善悪で判断したり真偽を確認せずに憶測・推測でものごとを裁く傾向が現れるようになる。偶像崇拝者の特徴でもあるが神はこれに対して偶像崇拝者と信仰者を二つに分ける摂理を行っている。

創世記3：15）お前と女、お前の子孫と女の子孫の間に私は敵意を置く。彼はお前の頭を砕き、お前は彼のかかとを砕く。

お前というのは蛇（サタン）でありお前の子孫とはすなわち偶像崇拝者で対話のBに相当し、女の子孫というのは信仰者でありAに相当する。Bは真偽を確認しないか、真偽を善悪で判断する為、偽でありAは真である。BはAの会話に対して善悪で判断して敵意むき出しで攻撃してくるがこれが「彼のかかとを砕く」という事であり「彼はお前の頭を砕き」というのは真であるAが偽のBに的外れな回答を指摘し攻撃するという事である。真と偽は性質上交わる事が出来ない為、神は偶像崇拝者の偽と信仰者である真の間に敵意を置いているのである。偶像崇拝者の意識は上の空・注意散漫状態である事もあり会話相手の話の内容を把握せずに会話相手が美人か？不細工か？有名か？無名か？などの識別によって真偽を判断する癖もあり非常に好戦的な性格であるのも特徴である。会話をするよりも会話相手の欠点を探して会話相手をやっつけようとする傾向を持つ。酷くなると真偽を確かめずに相手の話を聞かずに暴力を振るう事もあるが、自分が何を言っているのか、また何をやっているのかわかっていないのである。「これはそうですよ」という主張に対して「これは良いですよ」と言っているのだと勘違いして認識するようになり、それに対して「そんな物は悪いよ」という返事が来るのは自己の優位性を相手に示したいが為にこのような返事をするのであるが真偽を善悪で判断する者は相手を論破する事も裁く事も出来ない事に気づいていないのである。

善悪を知る木の実を食べた結果、難解な知識に栄光の幻を見るようになったり、たくさん知識を詰め込んだり学問の難問を理解できれば偉くなって多くの人々から尊敬されて命が得られると思い込む（創世記3：5~6）ようになるが、実際に多くの人々から一時的に称賛される事があったとしてもこの様な事で命が得られて救われる事は決してないのである（創世記3：5~6）。またイデオロギー論争や宗教の教派間での抗争等どちらが白（＝right）でどちらが黒（＝wrong）かと善悪二元論（good and evil dualism）によって白の追求にはまる事もあるが、goodをrightにする道理が間違っており（good=false&enigma ≠ right）、このような追求をしても白＝正義＝無罪や命を得られる事は無い。どちらが善で白だと抗争をして敵対勢力を口論や武力で打ち負かしても白＝正義＝無罪は得られず、命を得られる事も無く善悪二元論による正義の追及は徒労に終わる。神は善悪二元論で裁く者を裁いて懲罰を与える為、この様な人々は精神疾患である事が多い。またこの様な人々は目の前に現れる人をやっつけて勝利すれば栄光が得られると思い込んでいるがこれも錯覚であり実際はこの様な事で栄光が得られる事は無い。

◆◆◆ 本然の人の子から堕罪・堕落してどのように変わったのか ◆◆◆
全てのものは言葉によって創造された。

ヨハネによる福音書1:1) 初めに言があった。言は神と共にあった。言は神であった。この言は、初めに神と共にあった。万物は言によって成った。成ったもので、言によらず成ったものは何一つなかった。

ヤコブの手紙1：18) 御父は、御心のままに、真理の言葉によってわたしたちを生んでくださいました。

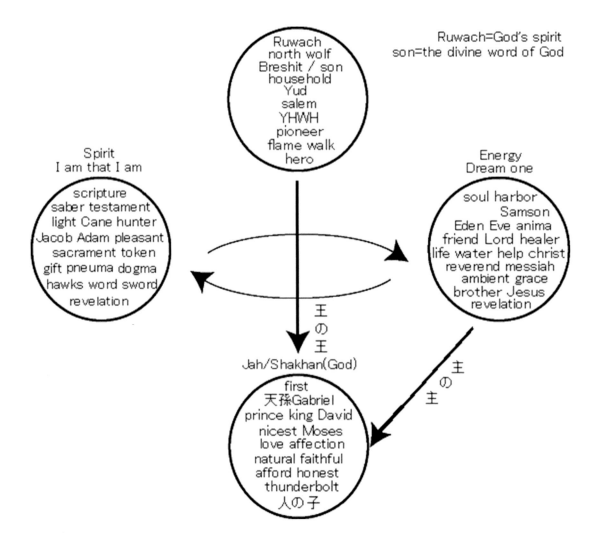

精神的要素である左のスピリット（spirit）に位置するアダム（Adam）と右のエネルギーに位置するエバ（Eve）との結びつき・統一（創世記２：24）によって天孫としての性質と属性を持つのが本然の人である。本然は正義のアダムと真理のエバ（命）[82]との結びつきである。また

[82) 箴言３：17では「彼女の道は喜ばしく」と記述されており、彼女とはtestamentすなわち律法を意味しているが彼女の道＝her wayのherは本然のエバを意味するものではなく単に女性代名詞である為、testamentと同じ左に位置せず、エバはヘブライ語が示す意味の命・生命（life/soul）であるから右に位置している。

正義を意味する左の杖（Cane）[83]と、右は真理のハーバー（harbor）[84]の調和・統一されたものが本然の人の子であり天孫ガブリエルの性質[85]を持って産まれてくるはずであった。調和・統一された者は謙虚の象徴であるモーセ（Moses）や正義と真理を愛するダビデ（David）である。真理の位格は王の王・主の主[86]であった。この4つの〇で示されるユニットが揃い調和したものがエデンの園の東に置いてあるケルビムである[87]。ケルビムは「完全な精神」を意味している。尚、イエスは神の右である[88]

---

83) 口語訳 詩篇 45：6）あなたの王の杖は公平の杖である。Cane は律法を意味している。

84) 口語訳 詩篇 46：1）聖書では神や神の加護を岩や"避け所"という譬えを用いている。神を"避け所"として表現している箇所は多数存在する。

85) 聖書に登場するガブリエルは「神の人」の意味。神の言を伝える者また神の前に立つ者（ルカ1：19）。またコーランの26：193にガブリエルの事が「誠実な霊」として記述されている。誠実＝faithful/honest

86) ヨハネの黙示録 17：14 /19：16　王の王というのは王の奴隷というのと反対の概念である。

87) ケルビムはエゼキエル書にも登場する。4つの〇で表されるがそれぞれ生き物の霊であり不可分且つダイナミック（動的）な存在であり基本形は無人航空機ドローンに似ており七変化する。〇の中の言葉の内容は全てではなく一部である。ケルビムの上に神の玉座があって神様が居ます。ケルビムは神＋律法＋イエス＋人が合わさったもので神の化身のようなものであるが神の全てを説明するものではない。神は人間の性質を限定するが神の性質は人間から限定される事がない。神の可能性や能力・すべての性質が人間から証される事はない（ヨハネによる福音書5：34）。

88) マルコ 14：62）人の子（イエス）が全能の神の右に座り　マルコ 16：19）主イエスは、弟子たちに話した後、天に上げられ、神の右の座に着かれた　ーイエスのポジションは神の右、神の右の手という表現が聖書で多く語られている。

◆◆◆ 堕罪・堕落後のエドム世界へ堕ちた人類 ◆◆◆
－変更された属性と相関図－

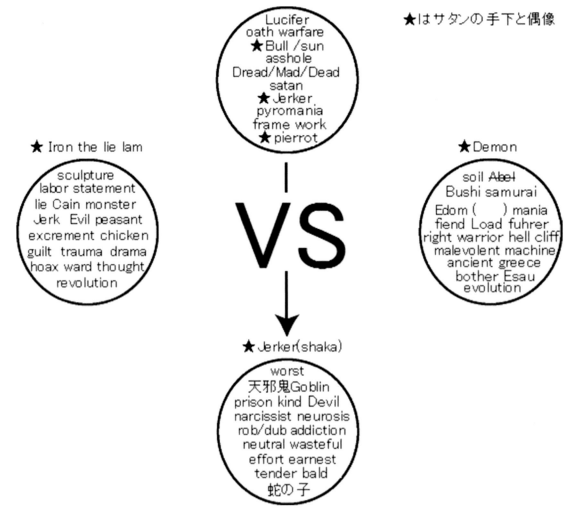

sun＝アマテラス崇拝・太陽崇拝
Esau＝Asshole

アダム（Adam）がエドム（Edom）となり、エバ（Eve）が邪悪（Evil）となり、本質に誤りを抱える事となった。虚偽のエドムと悪のイーブルとの結びつきに替えられている。自己を幸福にする為に相手を利用しようとする性質を持ったまま結びついた夫婦は幻滅後、地獄の夫婦となり互いに作用と反作用の関係となって抗争する運命に変えられてしまっている。この関係は政治思想における右翼と左翼の対立、また結果の平等をうたう共産主義と民主主義（≒自由主義）の対立・抗争の関係にもあてはまる。また、杖（Cane）が悪を象徴するカイン（Cain）となって、真理の象徴でもある弟のアベル[89]は殺害された事により、偽善者エドム（Edom）がこれに

---

[89] アベルはカインに神の恵みを分け与える事をしなかった事からエゴイズムの罪を持っている為、完全な者ではなかったと考えられる為、正義を伴った真理の体現者すなわち完全な者はアベルではなくイエスキリストが入る事になる。

替わり偽善と調教と虐待がカインに対して行われる様になったが、その調教に対してカインが偽善を身に着け、エドムに対して反抗・闘争する運命に変えられている。愛・善・正義・命・魂を持たず、外見的に善を装う偽善者のエサウ＝下衆野郎（asshole）すなわちエドム（Edom）とヒステリー気質の悪であるイーブル（Evil）という思想的に偏ったり中道思想を抱く傾向を伴う家族であり、その様な夫婦から産まれてくるのは天の邪鬼（Goblin）[90]である。このような自己愛を理念とする俗悪な家庭が出来上がり、時折協力関係となるが頻繁に闘争が起こる家庭内不和の状態に置かれ、様々な災いが起こって滅びへと向かう運命を背負わされる事となった。さらに神の臨在と祝福から遠ざけられた替わりに悪霊が意識の背後に憑く事となっている。ルシファー（Lucifer）・デーモン（Demon/Dream on（夢でも見てろ）/dreamer）・ジャーカー（Jerker）[91]・ダライラム＝嘘ついて逃げろ（the lie lam/the lie run）・鉄（Iron）の規律を愛する頑迷な精神を生来持つようになってしまった。放火狂（pyromania）[92]によってノイローゼ（neurosis）をはじめとする精神疾患、依存症（addiction）、自己愛（narcissist）、自殺への衝動等を伴う悲惨な精神を持つようになった。サタンの奴隷となり、エサウ＝asshole＝下衆野郎の調教と虐待の用意が出来た環境で子供が産まれてくる事となった。

---

90) 天の邪鬼　１わざと人に逆らう言動をする人。つむじまがり。ひねくれ者。２民間説話に出てくる悪い鬼。物まねがうまく、他人の心を探るのに長じる。-Goo辞書-

91) Jerker＝ぐいぐい引っ張る霊。感情抑制をする霊である。歴史では偶像として現れた釈迦の事を意味している。

92)

後を絶たないチベットの焼身自殺

◆◆◆ エドムの家庭－The Edom's family－ ◆◆◆

主人の位置は本来イエス（christ the dweller）の事であるが、嘘つきのエドムが主人の位置に入った場合、神から霊的死の制裁と間違いの判定を受けて崖っぷちの住人（cliff dweller）にされる事になる。妻も巻き添えを喰らって霊的死の制裁及び罰と呪い（創世記3：14～19/ゼカリヤ5：1～4/箴言3：33）を受ける事になるため、様々な災い・不幸・地獄が家庭に広がる事になる。産まれて来る子供は地獄の住人（hell dweller）となり、さらに悲惨な運命を辿る事になる（創世記4：11～12/申命記28：15～68/レビ26：15～39）。

（起こりうる災禍）不倫・喧嘩・ノイローゼ・ヒステリー・アルコール依存症・家庭内暴力・虐待・モラルハラスメント・リストラ・倒産・離婚または離婚できず別居・絶縁・裁判・機能不全家族・家庭崩壊等

エドム精神とエデン精神の比較（哀歌４：22：エドムの罪（guilty act）はことごとく暴かれる）

エドム精神の世界(Edom) sodom(ソドム・背徳)	vs	エデン精神の世界(Eden) Adam(アダム)
Lucifer(ルシファー) lie's fire(偽りの炎)	vs	Ruwach(ルアハー) light's fear(恐るべき光)
trauma(トラウマ)	vs	pneuma(精神・霊)
illusion(幻想) masturbation(自慰) delusion(妄想)	vs	Zion(シオン) allusion(暗示) scion(若枝)
Shaka(釈迦) shakai(社会) shocker(ぞっとさせる人)	vs	Shakhan/shechinah(神の隣在)
oath(誓い) nose(鼻)	vs	north(北)
sun(太陽・アマテラスオオカミ)	vs	son(=the divine word of God:神聖な神の言)
addiction(依存) abduction(仮説生成) affliction(苦痛)	vs	affection(愛情)
cult(カルト) culture(文化) chaos(混沌)	vs	caritas(愛)
Goat(愚者) Ghost(幽霊) odd(珍奇な) dirty(汚い)	vs	God(神) deity(神)
wasteful(無駄の多い・破滅的な・金食い虫)	vs	faithful(忠実な・誠実な)
Framework(組織・体制)	vs	Flame&walk(炎と徒歩)
Mad(狂気) Dead(死) Dread(恐怖) red(アカ)	vs	Yud(神・来る世)
Pyromania(放火狂) Paranoia(偏執病)	vs	Pioneer(開拓者)
leak(漏出する)	vs	leaf(エデンの葉)
right(右翼) lie(嘘) lifting(持上げ)	vs	light(光) life(命) lighting(照明)
egoism/egotism(エゴイズム) eroticism(好色性)	vs	heroism(ヒロイズム)
Jerker(感情抑制のぐいぐい引っ張る奴)	vs	Jah(YHWH)
The lie lam/run(嘘ついて逃亡) Dalai Lama(ダライラマ)	vs	I am that I am(わたしはある)
hoax(イカサマ・でっち上げ) fox(キツネの化け物)	vs	hawks(硬派)
sham(見せ掛け・ごまかし・いんちき)	vs	shem(セム)
shame(恥ずかしい思い)	vs	shine(輝き)
raccoon(タヌキ)	vs	recon(観測飛行)
spit(つばを吐く・暴言を吐く)	vs	spirit(霊・心・精神)
Jerks(マヌケども・とんま) Jackass(糞野郎)	vs	Jacob(ジェイコブ)
jackal(人に使われて悪事を働く人)	vs	Jacob(ヤコブ)
confound(地獄に落とす・面食らわせる)	vs	compound(和議をする・混じりあう)
ruin(没落・破滅・破産)	vs	win(勝利)
prison(獄)	vs	prince(王子)
serpent(蛇・蛇のような人・陰険な人)	vs	servant(神の僕)
cool(格好いい) cold(冷酷な・無情な)	vs	call(天命)
Bushi(武士) bullshit(戯言)	vs	breshit(初めに:first of all)
Samurai(侍) some lie(偽り)	vs	Samson(サムソン) Samuel(サムエル)
Ieyasu=Jejus(家康) Caesar(シーザー・ローマ皇帝)	vs	Jesus(イエスス・ジーザス)
fuhrer(総統) Hitler(ヒトラー) heller(乱暴者)	vs	healer(いやす人=イエス)
Stalin(スターリン) starving(飢える)	vs	starring(主役=イエスキリスト)
Iron(鉄の規律・カインの象徴) moron(軽愚者)	vs	I Am(神・イエス) Aaron(アロン) lion(勇猛な人)
poisoning bald/bottle/(中毒の坊主/ボトル)	vs	Positioning bolt(位置調節の矢)
poisoning chicken/dog(中毒のチキン・浮気者)	vs	positioning token(導かれた場所のしるし)
group poisoning(集団中毒)	vs	guru's positioning(導師の導き)
brightening bald(明るい坊主) bold(厚顔無恥)	vs	lightning bolt(稲妻)
tender bald(優しい坊主)	vs	thunderbolt(落雷)
sport(からかい) scoot(走る) scooter(スクーター)	vs	support(支援) supporter(支援者)
meditator(瞑想する人)	vs	mediator(調停者)
neutral(中道)	vs	natural(自然の)

シンクロニシティ －共時性－

effort(努力)	vs	afford(余裕がある)
earner(稼ぐ人) earnest(真面目な・真剣な)	vs	honor(名誉・栄誉) honest(誠実な・正直な)
diligent(勤勉な)	vs	intelligent(理知的な・聡明な)
incense(線香)	vs	innocence(無罪・潔白)
sink(沈む)	vs	think(考える・思う)
demon(鬼) dream on -er(夢想家) demeanor(品行)	vs	dream one(理想の人)
asshole (下衆野郎) muscle(筋肉) apostate(背信者)	vs	household(家族) Jesse(エッサイ) apostle(使徒)
outlaw(アウトロー)	vs	at law(適法)
excrement(排泄物・糞) harassment(嫌がらせ)	vs	sacrament(恩寵の感覚的しるし・秘跡)
Evil(邪悪な)	vs	Eve(イブ・エバ) eagle(鷲) even(公平な)
Cain(カイン)	vs	Cane(杖)
fake(偽造) face(顔) fate(不運な宿命)	vs	faith(信仰)
peasant(農民・粗野で無学な奴)	vs	pleasant(楽しい) present(プレゼント)
wander(放浪する)	vs	wonder(不思議な・驚異)
poison(毒) possesion(所有・占領・占拠)	vs	position(場所)
peal(鐘) hale(老人が元気) heil(独:万歳)	vs	heal(いやす) hail(ひょう)
clown(道化役者・いなか者・ばか)	vs	crown(王冠)
rotten throng(腐った群集) thrown(投げられる)	vs	rod & throne(杖と玉座)
crowd(群集) craft(技巧・整形) proud(高慢な)	vs	cloud(密雲)
bomb(爆弾)	vs	palm(なつめやし)
explode(爆発する・感情が爆発する)	vs	explore(探求する)
kind(親切な) kind of echelon(梯団の類)	vs	king(王) king of Jeshurun(エシュルンの王)
lack (欠乏) fuck(性交渉を持つ)	vs	luck(巡り合わせ)
irregular(不道徳・正常でない) regret(後悔する)	vs	regulator(監督官・規定者)
virtual(虚像) vulture(弱者を食い物にする人間)	vs	virtue(美徳)
pretend(振りをする)	vs	present(今・ある)
pretence/pretense(見せかけ)	vs	presence(存在・あること)
rob(泥棒) dub(吹き替える) laugh(あざ笑う)	vs	love(愛) dove(鳩)
rubber(ゴム) robber(泥棒) robbery(強盗)	vs	lover(恋人) lovely(愛嬌のある)
malevolent(他人の不幸を笑う) irreverent(不遜な)	vs	reverent(敬虔な) reverend(尊い)
robot(ロボット・人造人間)	vs	pivot(中心人物・かなめ)
machine(マシン) marshal(元帥)	vs	messiah(משיח)マーシアハ メシア
sex(性交) sex monster(セックスモンスター)	vs	X(キリスト) X hunter(キリスト ハンター)
question(疑う) Hercules(ヘラクレス)	vs	christian(キリスト教の) Christ(キリスト)
mania(マニア・躁病) enigma(謎) stigma(汚名)	vs	manna(マナ) anima(魂・生命)
animal(動物) animus(敵意) animalism(獣欲主義)	vs	anima(魂・生命) animism(精霊説)
soil(土)	vs	soul(魂) sole(唯一の) saul(サウル・パウロ)
severe(厳しい)	vs	savior(救済者)
impact(インパクト・衝撃)	vs	intact(無傷・完全)
trouble(トラブル) trap(罠・計略)	vs	travel(旅) trip(船旅)
pattern(思考の型)	vs	paternal(父方の)
pressure(圧迫感・プレッシャー)	vs	pleasure(喜び)
naughty(悪戯・横着)	vs	mighty(強大・有力)
pulley loads lifting with effort(努力して滑車で持上)	vs	holy lord's lighting with afford(聖なる主の光の施し)
chemical(化学薬品) criminal(犯罪)	vs	miracle(奇跡) michael(ミカエル)

Burden of the load(重荷の負担)	vs	Garden of the Lord(主の庭)
guilt(罪) sin(罪)	vs	gift(贈り物) sign(しるし)
ward((神から)監視されている被保護者)	vs	word(神の言) Yud(神)
thrill(スリル)	vs	thrive(繁栄する)
control(統制)	vs	console(慰める)
confront(対決)	vs	comfort(安楽・快適・慰める・元気づける)
device(装置)	vs	divine(神聖な) devise(考案・発明する)
degree(学位・称号)	vs	decree(掟)
turbulent(暴徒などが乱暴な) tabloid(扇情的な)	vs	tablet(十戒の石版)
grade(階級)	vs	glad(嬉しい)
jock(人気の男・体育会系) lock(鍵)	vs	rock(岩)
homo(ホモ)	vs	home(家)
queer(変態・おかま・同性愛) clever(あざとい)	vs	queen(王女) clear(明晰な) key(鍵)
queer person(変な人)	vs	key person(鍵となる人)
beast(獣・畜生)	vs	priest(祭司・預言者)
klepto(窃盗) craze(発狂させる) cliff(崖)	vs	christ(キリスト)
Devil(悪魔) dive(飛び込み) dead(死んでいる)	vs	David(ダビデ) Dave(ダビデの愛称)
lying master(偽りの主人) liar(嘘つき)	vs	rhymester(へぼ詩人) lyre(竪琴) lair(隠れ家)
lying monster(嘘つきの化け物) monster(化け物)	vs	rhymester(へぼ詩人) hunter(狩人)
porn(ポルノ)	vs	poem(詩)
high-flier Narcissus(野心家のナルキッソス)	vs	fire fighter Moses(消防士モーセ)
Herod(ヘロデ王) Eros(性愛)	vs	heroes(英雄達)
capital(資本)	vs	captain(指導者)
Pilate(ピラト) pirate(著作権侵害者) plot(陰謀)	vs	pilot(水先案内人・指導者・案内人)
group(集団・グループ)	vs	guru(導師)
Pharao(ファラオ) pyro(火)	vs	Paul(パウロ)
Elymas(エリマ=魔術師)	vs	Elijah(エリヤ)
futile(無益な・空しい) hardest(至難の)	vs	fertile(実り多い) harvest(実り)
warship(戦艦) workshop(研究集会)	vs	worship(崇拝)
labor(労働)	vs	saber(サーベル) saver(救済者)
suffer(苦しむ) sulfur(硫黄)	vs	offer(提供する・申し出る)
revolution(革命) evolution(進化論)	vs	revelation(啓示)
revolutionist(革命家) evolutionist(進化論者)	vs	zionist(シオニスト)
confucianism(儒教) gianism(ジャイアニズム)	vs	zionism(ザイオニズム)
ancient greece(古代ギリシャ)	vs	ambient grace(取り巻く恩寵)
Aristotelēs(アリストテレス) Augustus(アウグストゥス)	vs	Augustinus(アウグスチヌス)
narcissist & neurosis(ナルシストのノイローゼ)	vs	nicest Moses(魅力のあるモーゼス)
lose(失う) rude(無礼な) loot(不正利得)	vs	loose(自由な) Ruth(哀れみ) root(根)
rot(腐敗する)	vs	Lot(ロト) rod(杖)
senator(評議員・元老院議員)	vs	center(中心・中心人物)
blood(血)	vs	bread(パン)
horse(馬)	vs	force(力)
pig(豚)	vs	big(心の大きい・寛大な)
monkey(猿) mockery(あざけり)	vs	mercy(慈悲)
ape(類人猿)	vs	ace(最高の存在) ache(心の痛み)

シンクロニシティ －共時性－

chimpanzee(チンパンジー)	vs	sympathy(思いやり・あわれみ・共感)
gorilla(ゴリラ) gallery(観客・見物人)	vs	Galilee(ガリラヤ)
master(マスター・主人) hamster(ハムスター)	vs	pastor(霊的指導者) minister(牧師)
tame(飼い慣らされた)	vs	team(チーム)
neurosis' puppet(ノイローゼの操り人形)	vs	Moses' prophet(モーセの預言者)
mouse(ネズミ) mouses' profit(ネズミ達の儲け)	vs	Moses(モーセ) Moses' prophet(モーセの預言者)
hamster's wheel(ハムスターの回し車)	vs	pastor's oil(祭司の油)
foolish world(馬鹿げた世界)	vs	Jewish world/whole world(真理の世界・全世界)
immoral band(不道徳な団結)	vs	immortal bond(不滅の絆)
pierrot(ピエロ)	vs	peter petros(ペテロ・ペトロ)
comic pierrot(滑稽なピエロ)	vs	cosmic hero(広大無辺な英雄)
comic eros(おかしな性愛)	vs	cosmic heroes(広大無辺な英雄達)
cosmetic pierrot(外面だけのピエロ)	vs	cosmic hero(広大無辺な英雄)
internal addiction(内輪の依存) affectation(虚飾)	vs	eternal affection(永遠の愛情) affection(愛情)
useful(役に立つ) UFO(未確認飛行物体)	vs	youthful(はつらつとした)
convenient jerks/jackass(便利なマヌケども)	vs	confident Jacob(心強いヤコブ)
useful idiot(役に立つ馬鹿)	vs	youthful idea(はつらつとした考え)
property(財産・資産)	vs	prophecy(予言)
chicken(チキン野郎) dog(犬・うざい奴・浮気者)	vs	token(しるし)
bitch(あばずれ女・尻軽女)	vs	rich(豊かな)
aliens(宇宙人達)	vs	alliance(同盟)
rose(赤い・バラ)	vs	robe(衣)
people(人々)	vs	pupil(門人)
confusion(混乱状態・困惑・意識障害)	vs	fusion(合同・連携)
snake(蛇) lizard(トカゲ) weird(気味の悪い)	vs	naked(裸) smoke(煙) wizard(名人・天才)
worse(一層悪い) worst(最悪)	vs	worth(価値のある) first(第一の)
immorality(不道徳・不倫・わいせつ)	vs	immortality(永遠の生命)
warrior(武士・戦士) worrier(苦しめる人)	vs	water(水：命の水)
same clothes(同じ着物)	vs	saint cross(聖なる十字架)
same hair(同じ髪型)	vs	some here(ここにある)
share the same face/fate(同じ顔・悲運の共有)	vs	share the same faith(同信を分かつ)
filler of craft(整形の注入物)	vs	pillar of cloud(雲の柱)
soil divorce so lonely(土は孤独に離れていく)	vs	soul divide solemnly(魂は厳かに分裂する)
beer(ビール)	vs	cure(治す・いやす)
growl(うなる・ガミガミ言う)	vs	glory(栄光)
the sick crowd/proud(病気の群集・高慢な者)	vs	the thick cloud(密雲)
faulty days/knight(悪い日々・悪い騎士)	vs	forty days/night(40日40夜)
fiction(虚構) faction(派閥・内紛・党派心)	vs	satisfaction(満足感)
Cyrus(キュロス) gross(気持ち悪い)	vs	cross(十字架・怒っている) grass(芝)
ill(悪い・不吉な・気分が悪い etc) illness(病気)	vs	will(意思) wellness(幸せで健康また良好な状態)
bother(迷惑をかける) boss(親分) falsehood(嘘偽り)	vs	brother/bros.(兄弟) brotherhood(兄弟愛)
fiend(狂信者・中毒者・悪魔) the end(おしまい)	vs	friend(友達)
behave(振舞い) bribe(賄賂) bereave(奪う)	vs	believe(信仰)
polite(礼儀正しい)	vs	righteous(道義的に正しい)
courteous(丁重な)	vs	conscious(意識の)

good attitude(立派な態度・積極的な姿勢)	vs	gratitude(感謝の気持ち)
boast(自慢する) boaster(自慢屋) lost(行方不明)	vs	boost(後援・励まし) booster(後援者)
fanatic(熱中者・狂信者)	vs	fantastic(素晴らしい)
domination(制圧)	vs	donation(寄付)
fraud(詐欺)	vs	flood(洪水) float(浮かぶ)
teaser(苛める人・悩ます人) cheater(ぺてん師)	vs	teacher(先生)
stupid(無感覚・間抜け・能無し・愚か者)	vs	student(生徒・書生)
corrupt(堕落) collector(収集家)	vs	correct(正しい) corrector(矯正者)
fellow(奴) fellows(奴ら)	vs	follow(追従する) followers(信者達)
smother(窒息させる・もみ消す)	vs	mother(母)
satan(サタン) Seir(セイル山・エサウの山)	vs	certain(確かな) salem(平和・平安)
thought(思想)	vs	sword(剣=神の言)
rabylinth(迷宮) irreverence(不遜)	vs	reverence(崇敬)
vanity(虚栄心)	vs	sanity(正気)
instill(教えなどを刷り込む)	vs	install(即位する)
thrust(ぐいぐい押す)	vs	trust(信頼する)
arrogance(傲慢・尊大・横柄)	vs	elegance(優雅・上品)
perform(公演する) flagrance(凶悪・残忍さ)	vs	perfume(香水) fragrance(香水)
pusher(でしゃばり屋・麻薬密売人)	vs	fisher(漁師)
angler(釣り師)	vs	angel(天使)
morale(士気)	vs	moral(道徳・教訓)
grand(堂々とした・豪気)	vs	grant(与える)
perpetrate(悪事を働く)	vs	perpetuate(不朽にする)
play(遊ぶ・ごっこ・性交) prey(えじきにする)	vs	pray(祈る)
greed(強欲)	vs	creed(信条)
desecrate(神聖なモノを汚す)	vs	discipline(修養)
worm(虫けら同様の人間)	vs	warm(暖かい)
fever(興奮)	vs	favor(好意)
bandit(悪漢・無法者)	vs	candit(率直な)
paralyze(麻痺させる)	vs	paradise(楽園・エデンの園)
sinful(罪深い)	vs	simple(簡素な・質素な)
penalty(刑罰・罰金)	vs	plenty(豊富)
construct(建設する) constrict(抑制する)	vs	contract(契約する)
bully(いじめる) folly(愚行) pulley(滑車)	vs	holy(神聖な・聖なる)
haughtiness(傲慢・高慢)	vs	holiness(神聖なこと)
panic(パニック・混乱) toxic(猛毒・毒矢・有毒な)	vs	tonic(精神的に元気づけるもの)
traitor(反逆者・裏切り者)	vs	trainer(訓練者)
shit(糞)	vs	ship(船)
lunch(昼食・ランチ)	vs	launch(開始・打ち上げ・進水させる)
disappoint(失望させる)	vs	appoint(指名する)
tower(塔・偶像崇拝)	vs	power(力)
statue/statues(塑像)	vs	stature(精神的な成長) statute(成文法)
sculpture(彫刻) object(物体)	vs	scripture(聖書) subject(主題・主体)
statement(声明・命題)	vs	testament(聖書)
hysteria(ヒステリー)	vs	history(歴史)

シンクロニシティ －共時性－

warfare(戦争状態)	vs	welfare(福利・快適な生活) wolf(オオカミ)
sanction(制裁・処罰)	vs	sanctum(聖所・神聖な場所)
competition(争い)	vs	petition(神への祈願) confession(告白)
charge(非難する・告発する) march(行進する)	vs	church(教会)
persist(しつこく主張する)	vs	perfect(完璧な)
prejudice(偏見)	vs	precious(尊い・貴重な)
reprobate(堕落者・道楽者) pervert(曲解する)	vs	private(自分)
tribulate(大いに苦しめる)	vs	tribute(貢ぎ物)
puzzling lie/right(困らせる嘘・まごつかせる右翼)	vs	dazzling light(まばゆい光)
pander(人の弱みにつけこむ・悪事の仲介者)	vs	ponder(主題に対して深く考える)
involve(ややこしくする・巻き添えにする)	vs	invoke(神の慈悲などを祈る)
accuse(告発する・告訴する)	vs	excuse(容赦する・勘弁する)
temper(機嫌・短気) tempt(誘惑する)	vs	temple(神殿) tent(幕屋)
eunuch(宦官・無能な男・軟弱な男)	vs	unique(唯一の・独特な)
injure(傷つける) danger(危険状態)	vs	ginger(活気づける)
hurt(傷つける)hurtful(苦痛を与える) harmful(有害な)	vs	heart(心) heartful(心からの)
complain(不満を漏らす)	vs	comply(従う)
advertise(魂胆をうっかり示す)	vs	advise(助言する)
annoyed(いらいらした)	vs	anoint(聖別する)
assassinate(暗殺する)	vs	associate(共同する)
outcome(結果・成果)	vs	welcome(歓迎・歓待)
deception(詐欺・ごまかし)	vs	reception(歓迎)
treacherous(裏切りをする・信用できない)	vs	treasures(神器・宝物)
tyrant(暴君・圧制者・専制君主)	vs	talent(才能) tolerant(寛容な)
emblem(象徴・シンボル・記章)	vs	umbrella(庇護)
arrest(逮捕される)	vs	rest(休憩する)
piss(小便) pierce(ピアス)	vs	peace(平和)
bitter(ひどい・毒舌の)	vs	better(より良い)
principal(元首・校長) princeps(プリンケプス)	vs	principle(原理・神・イエスキリスト)
abandon(見捨てる)	vs	abundance(豊かさ)
impotence(無力・無気力・虚弱)	vs	importance(大切さ)
embarrass(恥ずかしい思いをさせる)	vs	embrace(愛情をもって抱擁する)
decoration(粉飾)	vs	declaration(宣言・愛の告白)
behavior(行儀) briber(贈賄者)	vs	believer(信仰者)
reaper(死神)	vs	dipper(七つの星)
secret(秘密)	vs	sacred(神聖な)
animosity(敵意)	vs	amnesty(恩赦)
waste wheel(荒廃した歯車)	vs	paste oil(油を塗る)
poor wheel(粗悪な歯車)	vs	pour oil(油を注ぐ) pure oil(純粋な油)
grumble(不平を言う) gamble(賭け)	vs	humble(謙遜な)
stumble(つまづく・よろめく)	vs	stable(腰のすわった・安定した)
contempt(軽蔑) contend(争う)	vs	content(満足を与える)
avoid the meshes of the law(脱法)	vs	abide the Moses of the law(律法のモーセに従う)
elude the law(脱法)	vs	EL the Law(法の神)
irreparable(回復不能・直らない)	vs	parable(たとえ話)

個体精神分析

empty(空) enmity(敵意) enemy(敵)	vs	entity(実在・存在) eternity(永遠)
exciting & regret(興奮と後悔)	vs	existing regulator(存在する規定者)
image(イメージ・姿・形)	vs	emerge(現れる)
void(空虚・むなしさ)	vs	voice(天の声)
inhibit(妨げる)	vs	inhabit(居住する)
lust(獣欲・肉欲)	vs	last(存続する)
molest(嫌がらせ・女性への性的悪戯)	vs	modest(謙遜な)
stalker(ストーカー) nonstarter(だめな人)	vs	starter(始動者)
royal(王室の)	vs	loyal(忠実な)
heredity(世襲)	vs	serenity(平静)
invade(侵略する)	vs	invent(発明する)
deliquency(非行・義務不履行)	vs	delicacy(優雅・上品さ)
revenge(復讐)	vs	avenge(正当な報復) repent(悔いる)
survival(サバイバル)	vs	revival(復活)
anecdote(逸話)	vs	antidote(解毒剤)
conceit(うぬぼれ)	vs	conceive(思う・考える)
blame(人のせいにする)	vs	brave(勇敢な) brace(元気を出す) blade(剣)
humiliate(恥をかかせる)	vs	humility(謙虚)
hell(地獄) hellfire(業火)	vs	help(助ける) verifier(立証者・証明者)
bend(曲げる)	vs	beyond(越えて)
torture(責め苦・激しい苦痛)	vs	future(未来)
missile(ミサイル)	vs	mission(使命)
compete(競争する) conflict(闘争)	vs	complete(完了する)
crap(糞・ガラクタ)	vs	crop(収穫物)
ambivalence(相反する感情を同時に持つ)	vs	ambulance(傷病者救護機cherub/cherubim)
protest(抗議する)	vs	protect(保護する)
raider(侵入者・略奪者) rodder(暴走族)	vs	rudder(進むべき方向を決める指導者)
chance(好機) chain(鎖) challenge(挑戦)	vs	change(改心・変化)
material profit(物質的利益)	vs	maternal benefit(母性の恵み)
dysthymia(ディスチミア・不機嫌) drama(ドラマ)	vs	dogma(教義)
flee(逃げる)	vs	free(自由な)
RODO(労働) lewd(みだらな) load(重荷)	vs	LORD(神)
Mascot(≒天皇等) mass(大衆)	vs	Makoto(真) masa(賜物) massa(主の託宣)
Banzai(万歳) absorption(夢中)	vs	Mount Zion(シオンの山)
Amaterasu(アマテラス大御神)	vs	Amaranth(アマランス・常世の花)
Hellenism(ヘレニズム) Zeus(ゼウス神)	vs	Hebraism(ヘブライズム) Deus(神)
Kim Il Sung(キム・イルソン 本名=キムソンジュ)	vs	Wilson(ウィルソン大統領)
soviet(ソビエト) goblin(小鬼)	vs	sovereign(主権者=神) Gabriel(ガブリエル)
loser(損失者) Lucifer(ルシファー) hellfire(業火)	vs	Luther(ルター) Rockefeller(ロックフェラー) versifier(詩人)
Proletariat(プロレタリアート)	vs	Protestant(プロテスタント)
Proletarier(プロレタリア)	vs	Puritan(ピューリタン)
nazis(ナチス)	vs	nazir(ナジル) Nazarene(ナザレ人)
Komintern(コミンテルン)	vs	Konzern(コンツェルン)
pope(法王)	vs	hope(希望)
Sennacherib(センナケリブ)	vs	Saint cherub(聖なるケルブ)

◆◆◆ メカニズム ◆◆◆

堕罪・堕落により罪の世界に堕ち、神と人の間にルシファー（サタン）が入る事になった。

イザヤ59：2）ただ、あなたがたの不義があなたがたと、あなたがたの神との間を隔てたのだ。またあなたがたの罪が主の顔をおおったために、お聞きにならないのだ。

テサロニケの信徒への手紙Ⅱ2：7）不法の秘密の力は既に働いています。ただ、それは、今のところ抑えている者が、取り除かれるまでのことです。（抑えている者＝ルシファー・罪の壁）

ガラテヤの信徒への手紙3:22）聖書はすべてのものを罪の支配下に閉じ込めたのです。それは、神の約束が、イエス・キリストへの信仰によって、信じる人々に与えられるようになるためでした。

コリント人への第二の手紙4：3）もしわたしたちの福音がおおわれているなら、滅びる者どもにとっておおわれているのである。彼らの場合、この世の神が不信の者たちの思いをくらませて、神のかたちであるキリストの栄光の福音の輝きを、見えなくしているのである。

ペトロの手紙Ⅱ2:9）主は、信仰のあつい人を試練から救い出す一方、正しくない者たちを罰し、裁きの日まで閉じ込めておくべきだと考えておられます。

ローマの信徒への手紙11：32）神はすべての人を不従順の状態に閉じ込められましたが、それは、すべての人を憐れむためだったのです。

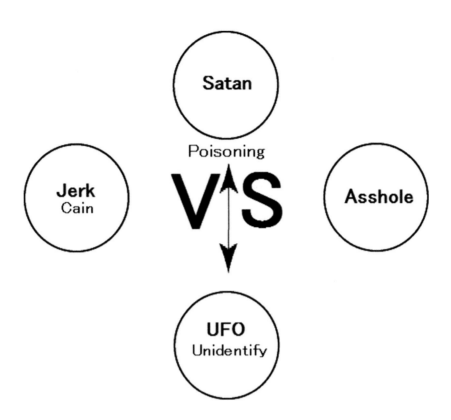

シンクロニシティ －共時性－

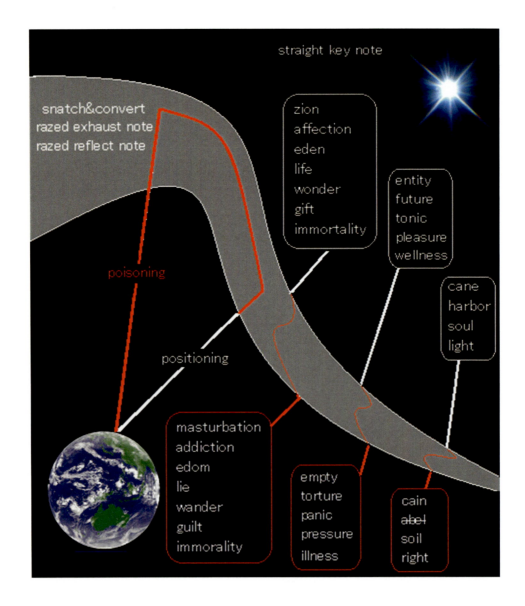

グレーは罪の壁である。神との断絶が起こった為に罪の壁で言葉の属性が変えられ、さらにサタンを通して人間の精神に入り込むようになったのである。また同時に霊的な存在（entity）や光・善・正義・真理・歓喜・実り・名誉・愛・命・魂・知恵・秩序・神の栄光・偉大・優良・平和・絶対・大丈夫・奇跡・不思議（wonder）などエデン（eden）・天国の言葉の実体も罪の壁のダクト・ダンジョン内で抜き取られ[93]、受け取る事が出来なくされてしまっている（エフェソ2：2/6：12／ガラテヤ4：9／コロサイ2：20／ローマ3：23）。この事によって人間は神からのポジショニング（positioning）[94]を受け取る事が出来ず、触覚を抜き取られた蟻のように地を彷徨う（wander）ようになったり（創世記4：12）命を得ようとして地獄に向かって全力疾走する様になる。さらに空虚（empty）・責め苦（torture）・恐怖（dread）・混乱（panic）・不快

93）機構は科学でも疑似科学でもなく、神の業であって物理法則や科学の制約を受けないダクト・ダンジョン機構であり聖書の随所にある神業や奇跡に匹敵するもの。神の意志・神の原理が機構を成り立たせている。

94）正しい自己の立ち位置や天国からの導きを始め様々な霊的感覚の流入が行われる。本来天国は人間の霊とつながっている。

な圧迫感等（bother/annoyed/pressure）の中に閉じ込められたうえ（イザヤ 34：11）、様々な精神疾患（illness）や物欲（possession）・中毒（poisoning）に悩まされる事となり、運命も偶像に誘導され（コリントⅠ 12：2）、様々な罠とトラブルに見舞われる羽目に陥っている（イザヤ 24：17~18/ 箴言 12：21）。真と偽を反転して認識する様になり偽の幻を崇拝して夢を見るようになって思いつく事が的外れでやる事なす事すべて裏目に出て損する事になるがこれはそもそも人間の罪が原因となって起こっている（ゼファニヤ 1：17）。幻を崇拝している事で命とエデン（eden）・天国の言葉の実体を喪失している為、再びそれらが与えられない限り地上でどれだけ努力して富を得て地位・名誉・名声・人気を得たとしても霊的実体が欠落した死霊、蛇の子のままであるため心が救われる事は無い（マタイ 23：33）。またサタンによって巧みに滅びの穴に突き落とされる運命が現在までの一般的な人間・大衆の運命となっている。

◆◆◆ **被造物崇拝** ◆◆◆

内閣府・国民生活白書における国民の幸福度グラフではGDPがアップするにつれ生活満足度が低下するという現象が起こっている。物質的利益を善なるものとして獲得し続けているにも関わらず得られるはずの善が得られていない事を意味している。愛着が伴わない限りより良い物（entity）を獲得し続けても求める肝心な善が蓄積せずに個体精神から善の実体が消失して空（empty）になり得られる満足感が無（nothing）となり、個体精神は善の抜けた物体を獲得し続けているだけの感覚に陥る為、得る程に依存的になるだけで満足感が低下するのである。（箴言10：22）

仏教における－空（くう）の誤り－

仏教の悟りである空（くう）の概念では個体精神から善が喪失したときに得られる無（＝満足感が得られない）に対して錯覚を起こしており存在すなわち固定的実体が無い（良いと思えなくなるが在ると思えなくなる）という錯覚及び誤った認識を起こしているのである。実在物（entity）における善の喪失化（＝empty）を実在物（entity）＝空っぽで無（nothing）いとする誤り。正しい認識は実在物（entity）が空っぽで無い（nothing）のではなく、実在物には善が無い（nothing）という事である。色即是空＝色はすなわちこれ空っぽというのも真理ではなく誤りで色即是色＝色はすなわちこれ色が正しい。色は色として確かな固定的実体を持つ。空（くう）

を正しく表現すれば色的善即是空＝色の善さはすぐにこれ空っぽになる。が正しい。実在物が有るとしても無から作られたわけだから存在は不確かで空っぽであるという仏教の認識は間違いである。

◆◆◆ **依存・慢性中毒の経過図** ◆◆◆

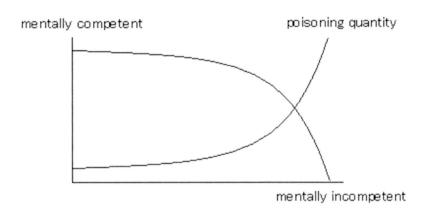

慢性中毒（≒ addiction）の概念図である。多幸感を齎すアルコールや麻薬・覚醒剤・精神刺激剤・ベンゾジアゼピン系抗不安薬など一部の向精神薬等の薬物等摂取により精神の機能は衰えて行く。依存症は初期の摂取において殆ど副作用は問題とならないがある時期を境に急激に、危険性の高いものは指数関数的に量が増えて行き、それと共に精神の機能は衰え、猛烈な苦痛を伴う離脱症状を経て最終的に健康状態の悪化を伴い機能不全を起こす。機能不全を起こすと理性が無くなる為、人間性を喪失して動物のようになる。

シンクロニシティ －共時性－

◆◆◆ 霊性比較 ◆◆◆

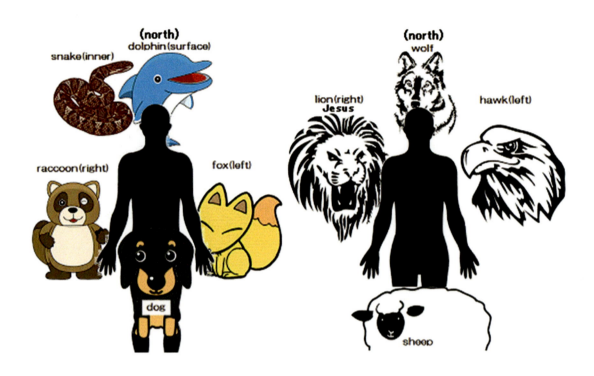

霊のアイコン比較である。左が虚偽・背理を愛する者が崇拝している偽の神で、外面がにこやかな癒し系（relaxing）のイルカで太陽崇拝者やアマテラスオオカミ崇拝者が崇拝している霊である。癒し系のイルカで優しい善人のイメージは日本国天皇の性格に反映されているが内面にはマムシの霊＝サタンと毒・憎悪が混入している為、天皇は天孫（Gabriel＝descendant of a God）天子（emperor）ではなく天邪鬼（goblin）である。自分で勝手に考えた道徳に束縛される罪人であり神でもなく外面で善のイメージを体現するピエロ（cosmetic pierrot）でありまた偶像（アイドル）である。癒し系のイルカは多くの人にとって憎めない奴といった感じのインパクト（impact）を放つ。右は狡猾なタヌキの化け物で左は詐欺師の狐である。それらの影響下で生活する者は概して飼い犬のように従順であるが性格が定まらなかったり思想的に偏る傾向を伴う。一方で右は真理の霊であるが北の方向に居る神は猛牛のように怒るオオカミであらわす事が出来、神の右につくのは勇猛なライオン、左には洞察力を意味するタカやワシ、そして信仰者は子羊という性格の調和・統合によって完成される天孫・天子（emperor）である。天孫・天子は完全（intact）すなわち無罪であり、また真理を有する。裁き主の面を無視して神を勝手にイメージすると天皇崇拝・仏崇拝・ルシファー崇拝となってしまい、理性はおんぼろで精神はノイローゼとなり暴力的・破壊的な右翼系カルトの狂信者となってしまうのである。左のアイコンは霊的死を起こしている者で、気分だけで力を持たない死霊であり、右が真理の霊であり力を有する。

北の方角にある偽の神（外面は癒し系のイルカ）はサタンであるルシファーである。
イザヤ14：13）かつて、お前（ルシファー）は心に思った。「わたしは天に上り王座を神の星

よりも高く据え神々の集う北の果ての山に座し雲の頂に昇っていと高き者のようになろう」と。

【解説】

神の居る北の果てに昇ろうとして人類を惑わし続けていた偽の神であったという事である。

イザヤ41：25）I have chosen a man from the rising sun who calls on my name.
私は日出るところに住み、私の名を呼ぶ男を選んだ。
I will bring him to attack from the north.
私（神）は北から攻撃する為に彼（私の名を呼ぶ男）を連れてくる。
イザヤ46：11）I am calling a man to come from the east; he will swoop down like a hawk.
東から来る者（日本に住む者）が、鷹のように一掃する。
イザヤ41：25）陶工が粘土を踏むように彼は支配者たちを土くれとして踏みにじる。

【解説】

東の方角で日の出る方向は日本を意味している。日本から真の神＝オオカミを見た場合に偽の神が見えるという事である。またこの偽の神（アマテラスオオカミ崇拝者・太陽崇拝者）が崇拝している死霊を捕らえるという預言である。支配者というのは世を支配している（いた）霊達の正体を暴くという意味である。

イザヤ14：15）しかし、お前（偽の神＝ルシファー）は陰府に落とされた墓穴の底に。お前を見る者はまじまじと見つめお前であることを知って、言う。「これがかつて、地を騒がせ国々を揺るがせ世界を荒れ野としその町々を破壊し捕らわれ人を解き放たず故郷に帰らせなかった者か。」

【解説】

ルシファーによる統治は第二次世界大戦の敗戦によって天皇制日本の統治は終了したが、その後の東西冷戦期まではほぼ全世界において政治的な力を及ぼしたという事である。

◆◆◆ 属性によって異なる実態展開 ◆◆◆

詩篇96：13）主はこられる、地を裁くために来られる。主は世界を正しく裁き真実をもって諸国の民を裁かれる。

申命記30：19）わたしは、きょう、天と地（全被造物）を呼んであなたがたに対する証人とする。わたしは命と死および祝福と呪いをあなたの前に置いた。あなたは命を選ばなければならない。呪いの属性は偶像や神の言葉が変換されたものが地上世界に化体物として現れるが、霊的な命が抜き取られて自然界の命だけで生きている物体に成り下がっており、やっている事はただの動作にすぎず霊的には死（苦痛・虚無・混乱・倦怠感）の状態を伴っている。一方で祝福は呪いの反対の概念でありスピリチュアルな精神を伴う実体であり、そこに命（喜び・安らぎ・力）が存在しているのである。（左が呪いで右が命と祝福。）

ヨハネによる福音書3：18）御子を信じる者は裁かれない。信じない者は既に裁かれている。神の独り子の名を信じていないからである。

Scooter with the tender bald
スクーターと優しい坊主

Supporter with the thunderbolt
支援者と雷電

ヨハネによる福音書16:9）罪についてとは、彼らが（偽善を愛する者）がわたし（真理のイエス）を信じない事、

incense 線香

innocence 無罪

イザヤ1：13）香の煙はわたしの忌み嫌うもの。

peal 鐘

heal いやす

エレミヤ 16：19) われわれの先祖が受け継いだのは、ただ偽りと、役に立たないつまらない事ばかりです。

workshop(ワークショップ)

worship(崇拝)

ゼカリヤ 10：02) 占い師は偽りを見、夢見る者は偽りの夢を語り、むなしい慰めを与える。このゆえに、民は羊のようにさまよい、牧者がないために悩む。

Warship(戦艦)

Worship(崇拝)

詩篇 2：2) 地のもろもろの王は立ちかまえ、もろもろのつかさはともに、はかり、主とその油そそがれた者とに逆らって言う、

シンクロニシティ －共時性－

Heil ! mein fuhrer
我らの総統万歳！

Heal ! my healer
いやして下さい

詩篇144：8）彼らの口は偽りを言い、その右の手は偽りの右の手です。
オバデヤ18）エサウ（エドム）の子は生き残る者がいなくなる」
ペトロの手紙Ⅰ2：6）「見よ、わたしは、選ばれた尊いかなめ石を、シオンに置く。これを信じる者は、決して失望することはない。」従って、この石は、信じているあなたがたには掛けがえのないものですが、信じない者たちにとっては、／「つまづきの石、妨げの岩」なのです／彼らは御言葉を信じないのでつまずくのですが、実は、そうなるように以前から定められているのです。

Avoid the meshes of the law
法の網をかいくぐる（脱法）
Elude the law
法の網をくぐる

Abide the moses of the law
律法のモーセに従う
EL the Law
神は法なり

テサロニケの信徒への手紙Ⅱ2：12）こうして、真理を信じないで不義を喜んでいた者は皆、裁かれるのです。箴言2：22）神に逆らう者は地から断たれ欺く者はそこから引き抜かれる。

Dive(飛び込み) Dead(死んでいる)　　　Dave(ダビデ)

マタイによる福音書 11：28）疲れた者、重荷を負う者は、だれでもわたしのもとに来なさい。休ませてあげよう／わたしのくびきを負い、わたしに学びなさい。そうすれば、あなたは安らぎを得られる。／わたしのくびきは負いやすく、わたしの荷は軽いからである。」

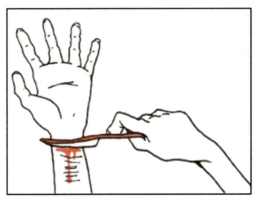 

Blood mania 流血マニア　　　Bread manna パンのマナ

ヨハネの福音書6：35）「わたしが命のパンである。わたしのもとに来る者は決して飢えることがなく、わたしを信じる者は決して渇くことがない。
ヨハネによる福音書3：16）独り子を信じる者が一人も滅びないで、永遠の命を得るためである。

シンクロニシティ －共時性－

ローマ信徒への手紙2：1）すべて人を裁く者よ、弁解の余地はない。あなたは、他人を裁きながら、実は自分自身を罪に定めている。／神はこのようなことを行う者を正しくお裁きになると、わたしたちは知っています。／あなたは神の裁きを逃れられると思うのですか。

2：4）あるいは、神の憐れみがあなたを悔い改めに導く事も知らないで、その豊かな慈愛と寛容と忍耐を軽んじるのですか。
あなたは、かたくなで心を改めようとせず、神の怒りを自分の為に蓄えています。この怒りは、神が正しい裁きを行われる怒りの日に現れるでしょう。

ヤコブの手紙4：3）あなたがたは、求めないから得られないのだ。求めても与えられないのは、快楽のために使おうとして、悪い求め方をするからだ。不貞のやからよ。世を友とするのは、神への敵対であることを、知らないのか。おおよそ世の友となろうと思う者は、自らを神の敵とするのである。

ヨハネの手紙12：27）しかし、いつもあなたがたの内には、御子から注がれた油がありますから、だれからも教えを受ける必要がありません。この油が万事について教えます。それは真実であって偽りではありません。だから、教えられたとおり、御子の内にとどまりなさい。

◆◆◆ 回復させる為に必要な認識・ライフスコープ（life scope）◆◆◆

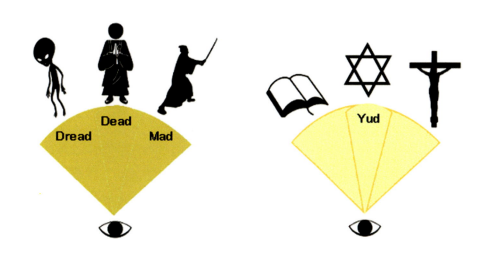

霊的な死の制裁と罰を受けている者は神からの霊的な光が遮断されている為に精神が疾患または倦怠の状態に置かれている。進化論・優生学・弱肉強食に基づいたもっともらしく聞こえる仮説的推論（abduction）の妄信と実践・思想・成功哲学・自己啓発本・戦国武将や有名人の名言・根性論・ニヒリズムを信奉し、エドムは狂気（mad）に、さらにカインは恐怖（dread）の状態となっている。理性を喪失し自分が何をしているのか判らない状態に陥っている事も多く言わば地をさまようUFO（未確認飛行物体）や宇宙人または霊が死滅してお化け（monster/ghost）になっているのである。Yud（神）の許可と罪の贖いによって命を得る事によって、さらに思想ではなく神の法内に留まる事で死の状態と精神疾患の問題や様々な問題行動を克服する事が可能となる。罪が問われている為、罪の贖いと神（Yud）の概念無くして回復は望めない。

【その他意味のない治療法】

仏教：肝心な救いが無い。空の認識も誤っており、この世の程よい善の追及である中道思想も善を喪失する為、根本的な解決及び救いになり得ない。仏教はエロス（性愛）と愛を混同しており、愛と永遠を否定する宗教に救いは無い。真理は言葉として存在しており永遠性を持ち命を与えるが仏教の「全ての物に永遠性が無い」という無味乾燥な物理的真理は人間の救済の役に立たない。

量子力学・心理学・脳科学などの知識を実践：根本的な問題は科学的な問題ではなく、脳の物理的なものを始原とした問題では無い為、根本的な解決にはならない。

精神医学／精神科の投薬治療：精神科の治療はそもそも根本治療ではない。精神疾患は霊的実体の喪失によって起こっている為、現代のモノアミン仮説に基づいたフィジカルな精神疾患治療ア

プローチは意味をなさない。SSRIやSNRI等の抗うつ剤やベンゾジアゼピン系抗不安薬等の投薬治療は薬物依存を発症し、状態はより悪化していく問題を抱えている。精神医学による治療は症状に対する対症療法であり、症状という現象に対してケミカルの物理的アプローチによって気分を上げたり下げたり緊張を緩和したりして現象を抑制しているに過ぎず本質に対する治療では無い為、この様な事で精神を健康にする事は不可能である。ただし統合失調症の陽性症状に対する投薬治療は必要とされる事が多い。現在の精神科は医者が患者と同じ霊的死を起こしている事が多くエドム・カインの世界であり自己愛の嘘の証言を信じる世界で霊的には神の怒りを受けた悪の領域（マラキ１：４）・闇・死の領域・魔物の巣窟・地獄である為トラブルや抗争が発生し人権侵害・ドクターハラスメントや患者の家族と精神科医による共同虐待も起こる。精神を霊的に捉える事が無いため誤診や出鱈目診察も多くそのような精神科に鬱や躁鬱の治療を頼ると悪化する事が多い。心の救済は悔い改めが必要であり自身の罪と悪への衝動を悟り罪の贖いによって再び霊を与えられる必要がある。鬱病の治療というのは心の救済の事であり本来医療ができるものではない事を知る事も必要。

心理カウンセラーに相談・心の専門家のアドバイス：心理カウンセラーが心に問題を抱えた者の罪を贖い、霊的実体の命を与える事が出来ないため意味が無い。心の専門家も同様であり、心を救済する事ができるのは人間の心を創造した神のみというのが真理である為意味が無い。

スピリチュアルヒーラーによるヒーリング治療：スピリチュアルヒーラーという者の言葉の実体は神である為、巷にいるスピリチュアルヒーラーとされる者はすべてまがい物と見て間違いない。

カルト宗教の活動：何らかの活動をしても救われる事は無い。罪の贖いと霊的実体の命を与える事が必要。

UFOカルトなどのワークショップ・セッション・セミナー：UFOという何者かわからない未確認のものが人間を救済するという話はおかしい。またUFOは世界の森羅万象を説明する原理でもなく、全人類に対する支配・干渉が確認できていない。これらのものが罪や悪、人間の本質的な誤りについての問題を取り扱う事は無い為、心の健康、救済とは無関係。未確認の飛行物体の崇拝は偶像崇拝でありUFOはSFファンタジー系のエンターテイメントの部類に属する。

有名人・芸能人・スポーツ選手などの苦労話・サクセスストーリー・良い話を聞かせて激励する：成功者の模倣を目指させるものである為、偶像崇拝に該当し、良い話もまた偶像である為意味がない。激励・鼓舞は特定の行動・活動に駆り立てる煽動が多く煽動したところで三日坊主となる事が多い。

友人・家族・恋人・教師に相談：罪によって霊的死を起こして罰と呪いを受けているという事である為、それらのものから解放し、回復させる事が出来るのは神のみであり、神の許可が必要で

ある故に人間の励ましは根本解決とはならない。また教師（master）は外的強制させる事が出来ても力の実体を与えて根本的に解決させる事が出来ない為、下手に励ますと一時的に気分を高揚させるだけで悪化する事が多い。

努力する・忍耐する・気合を入れる：努力や忍耐また気合を入れる事によって心が救われる事はない。罪の贖いと喪失した霊的実体の命を与える事が必要。

◆◆◆ FIXのメソッド ◆◆◆

創世記2：18）また主なる神は言われた。「人がひとりでいるのは良くない。彼のために、ふさわしい助け手を造ろう」。

創世記の助け手とはエバ（命）の事であるが善悪を知る木の実を食べて霊的な命を喪失した者である為、イエスがエバの替わりに命を与えるものとして、また助け手として現れている。（ヨハネの福音書6：35）。助ける者（助者・助手）＝Yehoshu'a＝ヨシュア＝イエスの事でもある。（ヘブライ13：6）全ての言葉にはスピリチュアルな意味が存在するのである（コリントⅠ 14：10）。

ガラテヤの信徒への手紙4：4（しかし、時が満ちると、神は、その御子（イエス）を人の女から、しかも律法の下に生まれた者としてお遣わしになりました。

ヨハネによる福音書8：58）イエスは言われた。「はっきり言っておく。アブラハムが生まれる前から、「わたしはある。」

イエスはキリスト紀元に産まれてくる前からすでに居たという事である。「わたしはある」という事からイエスは神として存在しているという事もわかる。（他ヨハネによる福音書17：5/17：24　コロサイ1：15　ペトロⅠ 1：20）イエスキリストによる罪の贖いによって霊的な命を与えてもらう事が必要となる。また

マタイによる福音書8：20）イエスは言われた。「狐には穴があり、空の鳥には巣がある。だが、人の子には枕する所もない。」

比喩的表現であるが枕する場所とは人の正しい立場を意味している。自己の立場・立ち位置（position）の事を意味している。

イザヤ51：3）主はシオン（Zion）を慰め、またそのすべて荒れた所を慰めて、その荒野をエデン（Eden）のように、その荒地を主の園（Garden of the Lord）のようにされる。こうして、その中に喜びと楽しみがあり、感謝と歌の声とがある。

精神が主の園（庭）という霊的なエデン圏内に帰る為には（Zion）が必要という事が解る。シオン（Zion）はマスターベーション（Masturbation）という自己愛の概念とは対極を為す概念である。自己愛的な精神を改めるように聖書は語っていると読み解く事が出来るのである。

イザヤ41：15）見よ、わたしはあなたを鋭い打穀機とする。あなたは、山々を踏みつけて粉々

に砕く。丘をもみがらのようにする。

堕落して疲弊した歯車（waste wheel）や荒廃した歯車（poor wheel）のようになった人に油を塗る（paste oil）または油を注ぐ（pour oil）という概念が必要になってくる。油注ぎはサウル・ダビデ・ソロモンにもされており、意味はイスラエル（ヤコブ）の王また真理の人である事を意味している。

ベタニヤで油を注がれるイエス（マルコ 14：3~9）

マルコの福音書 14：9）はっきり言っておく。世界中どこでも、福音が宣べ伝えられる所では、この人のしたことも記念として語り伝えられるだろう。」

イザヤ 25：7）また主はこの山（シオン）で、すべての民のかぶっている顔おおいと、すべての国のおおっているおおい物とを破られる。主はとこしえに死を滅ぼし、主なる神はすべての顔から涙をぬぐい、その民のはずかしめを全地の上から除かれる。これは主の語られたことである。

堕罪によって罪と罰を被った状態で生きている人類が真理のほうへ心が向かい、霊的死を克服するという意味に解釈できる。心に覆われている罪の壁を取り除いて光のほうへ導かれる必要がある。

◆◆◆ 天孫の位置に回帰する（Fixation）◆◆◆

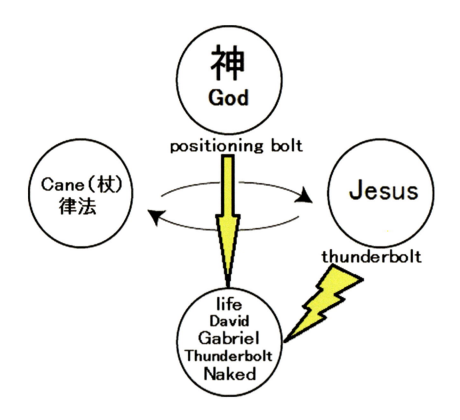

ヨハネによる福音書 12：27）わたしはまさにこの時のために来たのだ。父よ、御名の栄光を現してください。」すると、天から声が聞こえた。「わたしは既に栄光を現した。再び栄光を現そう。」そばにいた群衆は、これを聞いて、「雷が鳴った」と言い、ほかの者たちは「天使がこの人に話しかけたのだ」と言った。イエスは答えて言われた。「この声が聞こえたのは、わたしのためではなく、あなたがたのためだ。

マルコによる福音書 3：17）ゼベダイの子ヤコブとヤコブの兄弟ヨハネ、この二人にはボアネルゲス、すなわち、「雷の子ら」という名を付けられた。

ゼカリヤ 12：8）彼らの中の弱い者も、その日には、ダビデのようになる。またダビデの家は神のように、彼らに先立つ主の御使いのようになる。（彼らに先立つ主の御使い＝ガブリエル（ルカ 1：19））

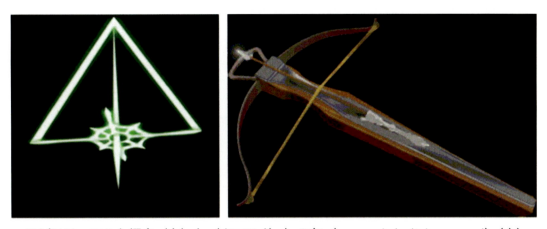

スピリチュアルな概念（左）と（クロスボー）の矢（arrow ≒ bolt ≒ quarrel）（右）

雷と共に位置測位の矢（Positioning bolt）すなわち天に居る神の矢を受け取っている。これは聖霊の証印である。ヨハネの福音書6:27）父である神が、人の子を認証されたからである。（英訳）Father. has put his mark of approval on him= 神は"認証のマーク"を彼の上に置いた。このセンテンスのapproval（approve）はpermitやallowと同じ意味を持っており、神は矢（arrow）などのアイテムによって意思である許可を与える。与えられた認証はイエスを通して使徒や弟子達・異邦人にも与えられた。（ヨハネの福音書17：22 / エフェソ1：13 / 使徒言行録15：8　コリントⅡ1：22　テトス3：6）。神の言葉とそれが示す霊的アイテムによって霊的な命が与えられ、弟子達は回心現象を起こし新生したのである。＜優しい坊主（Tender bald）から雷の子（Thunderbolt）へ新生＞

シンクロニシティ －共時性－

◆◆◆ 神の言葉とそれが示す霊的アイテムは実効性を持つ ◆◆◆

アモス書 8：1）主なる神はこのようにわたしに示された。見よ、一籠の果物（カイツ）があった。主は言われた。「アモスよ、何が見えるか。」わたしは答えた。「一籠の夏の果物です。」主はわたしに言われた。「わが民イスラエルに最後（ケーツ）が来た。

【説明】

神がアモスに見せるスピリチュアルなアイテムは実行する単語を暗示・意味している。見せるアイテム＝実行する類似した言葉である事がわかる。

エレミヤ 1：11）主の言葉がわたしに臨んだ、「エレミヤよ、何が見えるか。」わたしは答えた。「アーモンド（シャーケード）の枝が見えます。」1：12）あなたの見るとおりだ。わたしは、わたしの言葉を成し遂げようと見張っている（ショーケード）。」

【説明】

エレミヤに見せたスピリチュアルなアイテムのアーモンド（シャーケード）＝
実行される神の言葉はショーケード（見張る）。

他にもハバクク書 3：9に「あなたは弓（bow）を取り出し、言葉の矢で誓い（vow）を果たされる」という一文からも言葉とそれが示すスピリチュアルなアイテムが類似した言葉の実行によって神は様々な摂理を行っている事が伺える。

ヨハネによる福音書 14:6）わたしは道であり、真理であり、命である。わたしを通らなければ、だれも父のもとに行くことができない。／今から、あなたがたは父を知る。いや、既に父を見ている。

堕罪・堕落によって不道徳（immorality）に陥り地を彷徨っていた（wander）カインは再び神の奇しき恵み（wonder）と永遠（immortality）の命を受け取る事が可能となった。他にも依存症 addiction ⇒愛情 affection、混乱 panic ⇒精神的な力 tonic など、聖霊を受け取る事による新生により本然の姿へと復帰する事が可能となった。

◆◆◆ 結　論 ◆◆◆

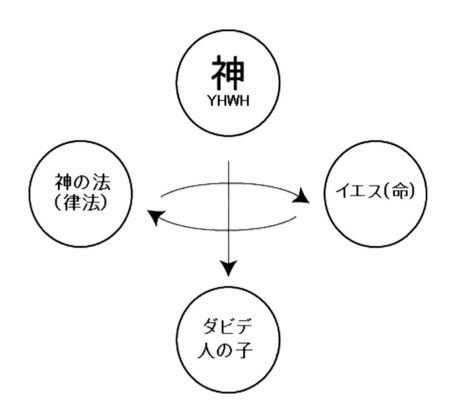

イザヤ57：15）わたしは、高く、聖なる所に住み打ち砕かれて、へりくだる霊の人と共にありへりくだる霊の人に命を得させ打ち砕かれた心の人に命を得させる。

贖罪はイエスによる罪の赦しを受け、光や油を注ぐ（pour oil/paste oil）という霊的概念を受けさらに神の聖霊（Ruwach）を初め、導き（positioning）や祝福を得て「命（力）」・「喜び」・「安らぎ」・「休息」・「落ち着き」・「満足」等といった言葉の実体を神から与えられる事で心・精神は救われる。また自己愛的（Masturbation）な精神を改め愛を受ける事（Zion）によって本然のアダム（人）として迎えられ、追放される以前のエデン（Eden）に精神が再び戻る事も可能である。また4つの○はケルビムでもあり神の位置から神の名を持つ栄光（出エジプト23：20〜21）が降りてきて人間の霊を引き上げる事で様々なノイローゼをはじめとする精神疾患、精神医学で治らないとされる躁病（mania）・躁うつ病も魂（anima）に命（life）を得る事によって（イザヤ55：3）完治し、統合失調症においても陽性症状は残るものの精神の回復は可能で運命も信仰によって切り替わる。人間はすべてにおいて受動的な存在であり神が与えたものを受け取る事によって救われる。救いを求めるにあたって神に受け入れられる必要があり、その条件は無罪と真理すなわち神の教えが必要となる。人は教えの体現によって救いは確かなものとなり神の祝福と庇護下に入り、また導かれ恵みを得る事が出来ます（申命記5：33/28：1〜2）。

【参考文献】

聖書　口語訳　日本聖書協会
聖書　新共同訳　和英対照日本聖書協会
聖書　新改訳　いのちのことば社

【シンクロニシティ　引用画像】

祝福絵画 Govert Flinck -Isaac Blessing Jacob
ワイン写真
http://thumbnail.image.rakuten.co.jp/@0_mall/mashimo/cabinet/pd02/10004043_1.jpg?_ex=250x250&s=2&r=1
アメリカ合衆国の国旗
=http://ja.wikipedia.org/wiki/%E3%82%A2%E3%83%A1%E3%83%AA%E3%82%AB%E5%90%88%E8%A1%86%E5%9B%BD%E3%81%AE%E5%9B%BD%E6%97%97
イギリスの国旗
= http://ja.wikipedia.org/wiki/%E3%82%A4%E3%82%AE%E3%83%AA%E3%82%B9%E3%81%AE%E5%9B%BD%E6%97%97
山羊 = http://image.space.rakuten.co.jp/lg01/87/0000766687/00/img97d254fczikezj.jpeg
エドモン・ド・ロートシルト男爵 =
http://wave.ap.teacup.com/renaissancejapan/1221.html
ヤコブ・シフ = http://www.nndb.com/people/214/000134809/JacobSchiff.jpg
フランクリンローズヴェルト
= http://windofweef.web.fc2.com/library/preinform/3/31/img/311_08_01.jpg

ヤコブ・シフ =
http://tadkawakita.sakura.ne.jp/db/wp-content/uploads/2012/03/Jacob-Schiff.jpg

ゆうちょ銀行 =
http://www.jp-bank.japanpost.jp/kojin/tukau/kaigai/sokin/kj_tk_kg_sk_china.html
http://www.jp-bank.japanpost.jp/kojin/tukau/kaigai/sokin/img/country/i_china_map.jpg

銀河 = https://whatshotn.files.wordpress.com/2013/07/gods-power-and-wisdom.jpg

メノラー = http://www5.plala.or.jp/fussabap_church/menorar.htm

宇宙から見た地球 = https://i.ytimg.com/vi/ZoVdwOyx1FY/maxresdefault.jpg
地球 = http://solarviews.com/eng/earth.htm

ロシア大陸 = http://www.globalsecurity.org/military/world/russia/maps-cccp.htm
ライオン写真 = http://yonezawa.exblog.jp/1214396

中国 = https://en.wikipedia.org/wiki/China

シンクロニシティ　－共時性－

黒牛＝
https://yt3.ggpht.com/-IJwrx4ee628/AAAAAAAAAI/AAAAAAAAAA/JxdwTvr6Zgg/s900-c-k-no/photo.jpg

朝鮮半島＝http://www.in-ava.com/kimuchi.html

アメリカ大陸＝http://mapsof.net/north-america/north-america-satellite-orthographic
ハゲワシ＝http://www.fondosanimales.com/1920x1080/wallpaper-de-un-aguila.jpg

籠目＝http://ja.wikipedia.org/wiki/%E7%B1%A0%E7%9B%AE
ダビデの星＝
http://ja.wikipedia.org/wiki/%E3%83%80%E3%83%93%E3%83%87%E3%81%AE%E6%98%9F

神の杖＝http://blog-imgs-44.fc2.com/n/e/w/news020/939208_20081030_embed005.jpg
シミュレーション＝http://livedoor.4.blogimg.jp/jin115/imgs/1/0/10808777.jpg

キノコ雲＝http://chinesestyle.up.n.seesaa.net/chinesestyle/image/140127001.jpg?d=a1

ICBM= https://www.youtube.com/watch?v=HNlOsko1H7Q
海底核実験＝https://www.youtube.com/watch?v=HNlOsko1H7Q

チェルノブイリ＝http://www.cher9.to/jiko.html

太平洋戦争　壱　カラー＝https://www.youtube.com/watch?v=svywoH-H6P4
元帥徽章＝
http://ja.wikipedia.org/wiki/%E5%85%83%E5%B8%A5_(%E6%97%A5%E6%9C%AC)

日本地図＝グーグルアース
太平洋戦争　壱　カラー＝https://www.youtube.com/watch?v=svywoH-H6P4

鹿児島＝
http://www.nijiya.com/wp/wp-content/uploads/2012/04/kagoshima2-150x150.png

回天＝http://ja.wikipedia.org/wiki/%E5%9B%9E%E5%A4%A9

偶像＝https://www.youtube.com/watch?v=1e8gZy3YF1Y

引用画像

ソ連マップ赤＝http://ltangemon.deviantart.com/art/Soviet-Union-Flag-Map-328340738
ライオン写真＝
http://yonezawa.exblog.jp/1214396「サバンナからの手紙」 岩合光昭・著　朝日新聞社　4077円
初版：1985年
ソ連マップ緑＝
http://www.mapcruzin.com/free-maps-russia-soviet/ussr_terrain_1974.jpg

ヨーロッパの冷戦 http://homepage3.nifty.com/ryuota/mhistory2.html

スターリンの像＝http://armeniajapan.blog54.fc2.com/blog-entry-145.html
金日成の像＝http://www.asiapress.org/apn/archives/2011/12/23164603.php

ソ連核実験＝https://www.youtube.com/watch?v=r0dUIq8gHgc
中国核実験＝https://www.youtube.com/watch?v=Z2CyQTdV2-Q

バーコード＝http://icke.seesaa.net/image/barcode.gif

金日成＝https://ja.wikipedia.org/wiki/%E9%87%91%E6%97%A5%E6%88%90

サイバーエージェント　藤田晋＝
http://ameblo.jp/shibuya/image-12037994877-13334893050.html
金正日絵画＝http://s5.sinaimg.cn/middle/49d1de47tb6bcb0ec5cf9&690
サイバーエージェント　エグゼクティブ＝
東京カレンダー https://tokyo-calendar.jp/article/5095
若き日の金正日＝
http://res.news.ifeng.com/b52d6dcee929704a/2011/1219/rdn_4eeec6a8ab79f.jpg

厚生労働省　精神疾患の患者数【出典】患者調査
厚生労働省　気分障害患者数の推移【出店】患者調査
厚生労働省　出典：人口動態統計（厚生労働省）

厚生労働省　がんの死亡数の推移＝http://www.mhlw.go.jp/seisaku/24.html

北朝鮮　衛星写真＝http://ameblo.jp/koramu/entry-10012466947.html

北朝鮮ホームレス女性＝https://www.youtube.com/watch?v=eqkpfgFiqdE

シンクロニシティ －共時性－

中国・赤い川＝http://rocketnews24.com/2012/09/10/247342/

金日成・金正日＝http://livedoor.blogimg.jp/waruneko00326/imgs/7/9/79eee560.jpg
金日成・獣のイメージ＝http://farm4.static.flickr.com/3173/2991486791_9ceec0da1c.jpg
文顕進＝
http://img.yonhapnews.co.kr/photo/yna/YH/2008/06/13/PYH2008061302120001300_P2.jpg
統一教会の合同結婚式＝http://blog-imgs-32.fc2.com/t/o/r/toriton/touitukyoukai1.jpg

son of a pig=
https://pastortravisdsmith.files.wordpress.com/2015/06/dont-make-a-pig-out-of-yourself.jpg

文鮮明夫妻と金日成＝
http://habamaoh.com/wp-content/uploads/2014/02/%E6%96%87%E9%AE%AE%E6%98%8E%E9%87%91%E6%97%A5%E6%88%90.jpg

統一教会・文顕進ブラジル教会占拠・牧師暴行事件＝
https://www.youtube.com/watch?v=QZOM95Qn_3Y
文鮮明長男　文孝進＝https://www.youtube.com/watch?v=DAMsSs-WHAY

金親子の風刺画＝
http://blogs.c.yimg.jp/res/blog-55-e0/usa24882488/folder/443739/92/65630492/img_0?1345002038

【2 マクロ精神分析　引用画像】

ソクラテス＝The Death of Socrates/ ソクラテスの死 by Jacques-Louis David/ ジャック＝ルイ・ダヴィッド(1748-1825)
イエス＝Christ on the Cross by Andrea Mantegna(1431-1506)

アリストテレス
=http://blogimg.goo.ne.jp/user_image/64/c2/1f3e6c9cf8b36c511dc220a667f07f04.jpg
アウグスティヌス
=http://gakuen.gifu-net.ed.jp/~contents/kou_chirekikouminn/rinnri_q/rinri/05_s_1/46_augustinus.jpg

引用画像

ゼウス＝https://d3dupjkkwlat3o.cloudfront.net/184684706956/5597651/1400w

聖書＝

https://hdwallpapers.cat/wallpaper_1600x1200/holy_bible_word_light_god_book_abstract_1600x1200_hd-wallpaper-1609938.jpg

ヘラクレス＝

https://lh3.googleusercontent.com/-hDNyaVBgsUQ/VhKRWZXurcI/AAAAAAAAXGA/3PAbe7C_AtQ/w2000-h3640/Herakles%2Band%2BTelephos.jpg

救世主キリスト＝

https://akphoto2.ask.fm/649/184/968/-69996972-1t1o4e6-jf80et58855ff8a/original/file.jpg

ルター＝

http://images0.tcdn.nl/binnenland/article24161681.ece/BINARY/u/Maarten+Luther.jpg

ルシファー＝

https://ja.wikipedia.org/wiki/%E3%83%AB%E3%82%B7%E3%83%95%E3%82%A1%E3%83%BC#/media/File:Paradise_Lost_12.jpg

アームレスリング＝

http://pichost.me/1685721/

徳川家康＝https://pbs.twimg.com/profile_images/475202124163190784/fFz5Enx7.jpeg

Jesus＝http://4.bp.blogspot.com/-GF2k0BkXoWM/TsxVQjNw4tI/AAAAAAAARc/BBmJC85e3fY/s1600/001.jpg

ヒトラー＝

http://piccolenote.ilgiornale.it/wp-content/uploads/2014/09/159244-45aea628-41a3-11e3-8308-a963aeaf7bd4.jpg

Jesus＝

https://resize.rbl.ms/image?source=https%3A%2F%2Fpbs.twimg.com%2Fmedia%2FCKokMA3UYAQ-3UN.jpg%3Amedium&size=2000%2C2000&c=RLUkLEUtvy7EbECq

ヒトラー万歳＝

http://i.telegraph.co.uk/multimedia/archive/02872/nazi_2872601k.jpg

モーセ＝https://www.youtube.com/watch?v=1Iz5IgOpn0U

シンクロニシティ －共時性－

三島由紀夫＝http://blog-imgs-57-origin.fc2.com/c/h/e/cheerdown/2013_shinoyama_05.jpg
Jesus' crucifixion=
https://upload.wikimedia.org/wikipedia/commons/1/17/Christ_at_the_Cross_-_Cristo_en_la_Cruz.jpg

自害した三島＝
http://blogimg.goo.ne.jp/user_image/00/7b/4396eb6ea38bb4bd9cc63566fc683b5d.jpg
Embrace= http://www.images.elijahlist.com/email_images/Jesus_Embrace.jpg

右翼＝https://www.youtube.com/watch?v=cTXBlCc-y2Y
dazzling light=
http://unitedinchristjesus.org/wp-content/uploads/2013/12/bright-light-of-love.jpg

WORLD ORDER "MACHINE CIVILIZATION"
Aaron=
https://s-media-cache-ak0.pinimg.com/originals/6e/6e/ef/6e6eef65fa5e488ced90077c42a20e73.jpg

WORLD　ORDER "BOY MEETS GIRL"
Jesus=http://oneyearbibleimages.com/christ_healing.jpg

文化大革命＝http://p6.qhimg.com/t01caa33e012d4ac494.png
Bible=http://2.bp.blogspot.com/-5SDmFbks69I/U6uyLu-MpeI/AAAAAAAABzY/WUNQHuHmBVI/s1600/bible.jpg

ルシファー＝http://www.lanuovaregaldi.it/photo/eventi/lucifero.jpg
ロックフェラー＝
https://upload.wikimedia.org/wikipedia/commons/6/6f/John_D._Rockefeller_1885.jpg

太平洋戦争　壱　カラー＝https://www.youtube.com/watch?v=svywoH-H6P4
Saint Cross=
http://nebula.wsimg.com/daf161f0e452460b326a9733bde351dc?AccessKeyId=A341A280644CDC0FEAF1&disposition=0&alloworigin=1

スターリン＝http://www.cosmos.zaq.jp/t_rex/image_1/stalin_1.jpg
イエス＝
http://www.testimoniesofheavenandhell.com/Pictures-Of-Jesus/wp-content/

uploads/2013/04/Jesus-Picture-Face-Portrait.jpg

金正日＝http://i.imgur.com/Uga6p.jpg
エデンの園＝
https://upload.wikimedia.org/wikipedia/commons/6/65/Lucas_Cranach_d._%C3%84._035.jpg

ナンバーワンホスト
=http://scontent.cdninstagram.com/t51.2885-15/s480x480/e15/11176309_959469207437571_1433007563_n.jpg?ig_cache_key=OTY5NzYyMjcyNjgxMjc5Njlx.2
エデンの園＝
https://upload.wikimedia.org/wikipedia/commons/6/65/Lucas_Cranach_d._%C3%84._035.jpg

麻原＝http://habitat4.net/wp-content/uploads/sonsi_001.jpg
Ωイエス＝
http://www.ifyouonlynews.com/wp-content/uploads/2014/12/beautiful-jesus.jpg

映画ターミネーター＝
http://www.ecloudtimes.com/wp-content/uploads/2014/12/terminator-genisys-2015-poster-wallpaper.jpg
イエス・ターミネーター＝
http://community.fansshare.com/pic24/w/yusuf-estes/1200/15526_jesus_christ_pics.jpg

ハスタ・ラ・ビスタ・ベイビー＝
http://quotespics.com/wp-content/quote-images/hasta-la-vista-baby.jpg

ヤコブの格闘＝
http://www.dagogtid.no/wp-content/uploads/2013/08/jacob-wrestling-with-the-angel-dore.jpg
エサウとヤコブの再会＝http://ce.ag-j.or.jp/picture_roll/old/pictures/0027.jpg

ネトウヨ本屋＝
http://userdisk.webry.biglobe.ne.jp/003/141/70/N000/000/004/139152249958043239226_591f8708.jpg

シンクロニシティ －共時性－

消防士モーセ＝
http://1.bp.blogspot.com/-_sqHHML6Jpo/TyCD8rbxPVI/AAAAAAAACTQ/YyieMuM3vr0/s1600/tencommandments.jpg
自己愛の野心家＝
http://5.darkroom.shortlist.com/980/e7cf3f29e226eab9114c9211581c5847:6233ff469dfc13583ed4a2c8a2b28216/

トランプ大統領＝
http://cmgfeeds.cmgdigital.com/photo/2016/11/09/APTOPIX%202016%20Election%20Trump_6558180_ver1.0_640_360.JPEG
ラッパ・LORD OF THE RINGS –Best Scene(HD)=
https://www.youtube.com/watch?v=rCZ3SN65kIs

沈む船＝https://i.ytimg.com/vi/Rv7kQpyGNUo/hqdefault.jpg
スペースシャトル＝https://www.youtube.com/watch?v=_NeCvBCZbC8

チキンレース＝http://pds.exblog.jp/pds/1/200811/17/39/d0139239_2318841.jpg
レミングスの自殺
＝http://www.safalniveshak.com/wp-content/uploads/2013/01/image2_090113.png
ラットレース＝http://kemono666.up.n.seesaa.net/kemono666/image/aw005.jpg?d=a1
焼却処分
＝http://missia.od.ua/uploads/posts/2011-10/1319047847_lake-of-fire_novyy-razmer.jpg
空襲＝http://www.geocities.jp/jouhoku21/heiwa/heiwa-photo/e-b29-3.jpg
地獄の炎＝http://www.christianmillennium.com/Files/hellfire.png

666 ザコ＝http://blog-imgs-64.fc2.com/m/a/a/maaaisonkikistune/20140731021440903.jpg
X hunter ダビデ王＝
http://vignette4.wikia.nocookie.net/leftbehind/images/b/b6/Gerard_van_Honthorst_-_King_David_Playing_the_Harp_-_Google_Art_Project.jpg/revision/latest?cb=20141203065759

一気飲み＝http://www.host2.jp/topics/23781/imgs11.jpg
弓矢＝http://s1025.photobucket.com/user/marredme/media/e1875574-1.jpg.html

カイン＝http://e.maxicours.com/img/3/9/2/1/392196.jpg
モーセの杖＝
http://www.buenanueva.net/biblia/1-biblia1er_Grado/1imag-lecc7/7paso-mar-rojo600.jpg

ラットレース＝http://kemono666.up.n.seesaa.net/kemono666/image/aw005.jpg?d=a1
預言者＝https://derek4messiah.files.wordpress.com/2008/11/prophet.jpg

飲みニケーションのイラスト / コットンズ
＝http://amd.c.yimg.jp/amd/20090504-90006797-r25-001-2-view.jpg
指導者の導き＝
https://upload.wikimedia.org/wikipedia/commons/d/db/Moses_Pleading_with_Israel_(crop).jpg

中毒のチキン＝
中国共産党の正体　九評共産党　第一評　共産党とは一体何ものか　3/4
https://www.youtube.com/watch?v=Q4rts8Wb-L0&index=3&list=PL6945E61BF68D582B
エリム＝http://www.elimpentecostal.com/a_Elim-Banner.jpg

同じ顔＝http://blog-imgs-70.fc2.com/t/o/r/toriton/ko0468036112508061562.jpg
同信を分かつ＝https://i.ytimg.com/vi/Eds09NDnZg4/maxresdefault.jpg

注入物＝
http://i.ytimg.com/vi/rkPssBnYiXo/hqdefault.jpg
雲の柱＝
http://christianitymalaysia.com/wp/wp-content/uploads/2012/12/the_pillar_of_cloud_leading_the_israelites-e1356106980260.jpg

デモ＝http://blog-imgs-34.fc2.com/d/e/l/deliciousicecoffee/DSCN3167.jpg
エシュルン＝http://shamelesspopery.com/media/2011/11/jesus-christ-king-0205.jpg

山＝http://images.clipartpanda.com/mountain-climber-silhouette-climbing-mountain.jpg
skull＝
http://rr.img.naver.jp/mig?src=http%3A%2F%2Fimgcc.naver.jp%2Fkaze%2Fmission%2FUSER%2F8%2F6%2F8446%2F10961%2F3114f9c69bb0fe3aa8e624d28fa1b8f4.jpg%2F300%2F600&twidth=300&theight=600&qlt=80&res_format=jpg&op=r
crown＝http://mall.dvaco.com/editPic/2014108102728.png
五芒星と六芒星
＝http://livedoor.blogimg.jp/nakinishimoarazu2012/imgs/1/8/188cb3c5.jpg

焼却炉とシオン山＝
https://visualunit.files.wordpress.com/2014/10/hebrews12.png

シンクロニシティ －共時性－

ショッカー＝
http://img03.ti-da.net/usr/nekomaru/%E3%82%B7%E3%83%A7%E3%83%83%E3%82%AB%E3%83%BC.jpg

お前はもう死んでいる＝
http://tsunami311.up.n.seesaa.net/tsunami311/image/URDead.jpeg?d=a0

焼却炉とシオン山＝
https://visualunit.files.wordpress.com/2014/10/hebrews12.png
ショッカー＝
http://img03.ti-da.net/usr/nekomaru/%E3%82%B7%E3%83%A7%E3%83%83%E3%82%AB%E3%83%BC.jpg
スペースシャトル
＝ http://www.cheeky-tatz.co.uk/wp-content/uploads/2013/07/space001.jpg

【3 個体精神分析　引用画像】
昭和天皇と白馬 ＝http://p.twpl.jp/show/large/aN8ag
キリストと白馬＝
http://www.propheciesofdaniel.com/wp-content/uploads/2016/05/jesus-on-horse.jpg

シーザー ＝https://web.jerichoschools.org/hs/teachers/lfischer/clipart/caesar1.jpg
イエス ＝http://www.ifyouonlynews.com/wp-content/uploads/2014/12/beautiful-jesus.jpg

パウロ＝ http://cp.pauline.or.jp/theme/images/Paolo-104.jpg

重荷の負担 ＝http://www.shinrankai.or.jp/images/jinseinomokuteki/jin3-1.jpg
エデンの園＝
https://upload.wikimedia.org/wikipedia/commons/6/65/Lucas_Cranach_d._%C3%84._035.jpg

江戸時代 ＝https://i.ytimg.com/vi/2QNHWevEvp8/hqdefault.jpg
エデンの園＝
http://uploads6.wikiart.org/images/lucas-cranach-the-elder/adam-and-eve-in-the-garden-of-eden-1530.jpg

金正日＝ http://i.imgur.com/Uga6p.jpg

引用画像

Zion=https://upload.wikimedia.org/wikipedia/commons/6/65/Lucas_Cranach_d._%C3%84._035.jpg

金正日の幻イメージ＝ http://s5.sinaimg.cn/middle/49d1de47tb6bcb0ec5cf9&690

2011年12月19日　朝鮮中央放送特別放送　金正日総書記死去ニュース＝
https://www.youtube.com/watch?v=zoiZbbjczqo
脱北者証言＝
https://www.youtube.com/watch?v=lAo4P2BakCE

ピラミッド＝
http://blogs.c.yimg.jp/res/blog-26-f0/hisa1412000/folder/1468787/98/43502098/img_3
ガラクタの山＝ http://gigazine.net/news/20090601_one_plus_one_is_three/

ピラミッド建築方法＝
http://journal.exarc.net/files/styles/large/public/fig_bb_3.jpg?width=600&height=410&iframe=true
リア充学生＝http://matome.naver.jp/odai/2137426375833516201/2137426556862580503
死霊ゾンビ＝
https://static1.squarespace.com/static/53fcfac9e4b02409aa8073d2/53fd691ce4b079d3f184a739/57575489044262db8575ca93/1475171253421/zombies.jpg?format=1500w

ラットレース＝http://www.cfg-rich-dad.com/img/img_1371_64928428_0.jpg
仮面
=http://www.dhresource.com/albu_250660189_00-1.600x600/non-verniciata-addensare-donne-vuoto-maschere.jpg

飲みニケーション＝ http://amd.c.yimg.jp/amd/20090504-90006797-r25-001-2-view.jpg
自己愛・ハラスメント＝ダイヤのエースを持ついかさま師　ジョルジュ・ド・ラ・トゥール　ルーブル美術館
フレネミー＝ http://blog.livedoor.jp/rapidhack/archives/23697084.html

hellfire=http://static.wixstatic.com/media/06e16d0c36ea96f9c5a4a93401fa9095.wix_mp_1024

猿＝
http://cdn.snsimg.carview.co.jp/minkara/userstorage/000/015/945/295/f23ac1100c.jpg

173

シンクロニシティ －共時性－

神＝
https://upload.wikimedia.org/wikipedia/commons/6/65/Lucas_Cranach_d._%C3%84._035.jpg

猿の群れ ＝http://natgeo.nikkeibp.co.jp/nng/magazine/0807/wallpaper/07.shtml
Yukihiro Fukuda　2008年7月号「大地の素顔」より

シオン山とショッカー＝
https://visualunit.files.wordpress.com/2014/10/hebrews12.png
ショッカー＝
http://img03.ti-da.net/usr/nekomaru/%E3%82%B7%E3%83%A7%E3%83%83%E3%82%AB%E3%83%BC.jpg

自力救済ラットレース＝
http://kemono666.up.n.seesaa.net/kemono666/image/aw005.jpg?d=a1
God's power＝
http://1.bp.blogspot.com/-c_66sJmvvlE/TxehLVIwxOI/AAAAAAAAHo/Uffo7ILH14U/s1600/soloxhoy3.jpg

アヒル口＝http://i0.wp.com/netgeek.biz/wp-content/uploads/2013/12/150.jpg

ネトウヨ警報＝転載自由＝フリー

チベット焼身自殺 AFP/Getty Images　URL＝
http://blog-imgs-46.fc2.com/n/e/z/nezu621/20111126110458 26c.jpg

光＝
http://worldwest.media.clients.ellingtoncms.com/img/photos/2016/02/09/SiriusAB_111807_t990.jpg?30f31baef1afd0a91aba8e74ec76c5214cc818ca
地球　ひまわり6号が撮影した地球　気象庁＝
http://www.data.jma.go.jp/cpdinfo/chishiki_ondanka/p01.html

生活満足度調査＝
　http://www.caa.go.jp/seikatsu/whitepaper/h20/01_honpen/img/08sh0103010.gif

いるか＝http://illpop.com/img_illust/animal2/dolphin_a07.png
きつね＝http://japminwa.up.seesaa.net/AC_10ILAL04.JPG

たぬき＝http://illpop.com/img_illust/animal2/raccoon_a03.png
まむし＝フリー
いぬ＝フリー

ライオン＝
http://tattoomagz.com/wp-content/uploads/lion-face-tattoo-designs-the-history-of-power-lion-tattoo-63326.jpg
オオカミ＝
https://s-media-cache-ak0.pinimg.com/236x/09/28/e7/0928e78a317dda2398cb1c14a14d4e11.jpg
鷹＝
https://image.freepik.com/vetores-gratis/eaglke-cabeca-closeup_91-6387.jpg

子羊＝http://nengasozai.web.fc2.com/2015/i-hitsuji3.jpg

スクーターと優しい坊主 ＝http://www.yatagai.net/diary/img/20060713.jpg
雷電＝http://image.space.rakuten.co.jp/lg01/41/0000476041/27/img9731068fzik0zj.jpeg

除夜の鐘＝http://image.rakuten.co.jp/butuendo/cabinet/e-senko-25go1.jpg
癒し＝http://www.wallpaperhere.com/jesus_on_the_cross_45176/download_1024x768

ワークショップ＝https://www.youtube.com/watch?v=T41rZTeAL7c
崇拝＝Worship Ministry＝http://www.wellspringpeople.com/ministries/worship-ministry/

戦艦＝http://ja.wikipedia.org/wiki/%E6%88%A6%E8%89%A6
Praise & Worship＝http://www.newbeginningschristianchurch.com.au/services/

Hitler＝https://www.youtube.com/watch?v=DFNUdCtMXWE
heal jesus＝
http://zackhunt.net/wp-content/uploads/2015/06/Screen-Shot-2015-06-17-at-9.07.04-AM.png

脱法ドラッグ事故＝http://shashuhantei.blog.jp/archives/7143872.html
モーセの十戒＝http://www.providencecoaching.com/tag/moses/

シンクロニシティ －共時性－

King David＝
http://vignette4.wikia.nocookie.net/leftbehind/images/b/b6/Gerard_van_Honthorst_-_King_David_Playing_the_Harp_-_Google_Art_Project.jpg/revision/latest?cb=20141203065759

事故＝
https://www.google.co.jp/search?q=%E9%A3%9B%E3%81%B3%E8%BE%BC%E3%81%BF+%E9%9B%BB%E8%BB%8A&biw=1280&bih=513&source=lnms&tbm=isch&sa=X&sqi=2&ved=0ahUKEwiQyYvB4JTKAhXCXaYKHc0GAXsQ_AUIBigB#imgrc=HzHAWyT4LXTX5M%3A

リストカット＝
https://pbs.twimg.com/profile_images/517320097736560640/cZNAes-K_400x400.jpeg
イエスキリスト　映画＝https://www.youtube.com/watch?v=l0Yv_W_jMTs

左上図＝http://www.whywesuffer.com/the-human-weakness-behind-alcoholism/
左下図＝
 Functional Alcoholics URL＝http://www.alcoholic.org/research/types-of-alcoholics/
右図＝
https://encrypted-tbn2.gstatic.com/images?q=tbn:ANd9GcTtfLJYMx2uPe9Tt9HxR5XmR-FFBlvTZdlWl7LrLkyO7C5KQFp1

フリーイラスト

ベタニヤの油注ぎ＝http://www.newlife.org/images/blog/20110308/woman.jpg

霊的弓矢＝http://s1025.photobucket.com/user/marredme/media/e1875574-1.jpg.html
クロスボー＝http://oni564.up.seesaa.net/image/ac_crossbow-thumbnail2.gif

アーネスト・P・フィールド（Honest P. Field）

聖書、神学、精神について研究している。

シンクロニシティ―共時性― 神の言葉による歴史展開
―繰り返す歴史は意味のある偶然の一致を伴う―

2017年9月14日発行

著　者　アーネスト・P・フィールド
発行所　ブックウェイ
　　　　〒670-0933　姫路市平野町62
　　　　TEL.079(222)5372　FAX.079(223)3523
　　　　http://bookway.jp
印刷所　小野高速印刷株式会社
　　　　©Honest P. Field 2017, Printed in Japan
　　　　ISBN978-4-86584-263-0

乱丁本・落丁本は送料小社負担でお取り換えいたします。

本書のコピー、スキャン、デジタル化等の無断複製は著作権法上での例外を除き禁じられています。本書を代行業者等の第三者に依頼してスキャンやデジタル化することは、たとえ個人や家庭内の利用でも一切認められておりません。